LE TEMPS
DANS LA TRAGÉDIE GRECQUE

ESSAIS D'ART ET DE PHILOSOPHIE

LE TEMPS
DANS LA TRAGÉDIE GRECQUE
ESCHYLE, SOPHOCLE, EURIPIDE

par

Jacqueline de ROMILLY
de l'Académie française

Seconde édition

PARIS
LIBRAIRIE PHILOSOPHIQUE J. VRIN
6, Place de la Sorbonne, V e
2009

© *Librairie Philosophique J. VRIN*, 1971
2009 pour la présente édition poche
Imprimé en France

ISSN 0249-7913
ISBN 978-2-7116-2235-1

www.vrin.fr

Ce livre a d'abord paru dans sa version anglaise, sous le titre *Time in Greek Tragedy* : il réunissait six conférences données en avril 1967 à l'Université Cornell, dans la série des Conférences Messenger, dont la nature est rappelée à la fin du volume ; et il a été publié par Cornell University Press en 1968.

Certaines parties avaient été écrites d'abord en français, d'autres en anglais. Je me suis efforcée de les fondre en un tout, en veillant cependant à n'apporter aucun changement sensible par rapport au texte anglais. Certaines rectifications de détail ont pu être introduites (dont quelques-unes m'ont été suggérées par les remarques, toujours précieuses, que M.J.C. Kamerbeek a eu l'amitié de me communiquer).

Au moment de livrer à l'impression cette nouvelle version, il m'est agréable de renouveler ici l'expression de la vive reconnaissance que je garde aux membres de Cornell University pour l'accueil qu'ils m'ont réservé, et en particulier à M.G.M. Kirkwood, qui a bien voulu m'aider dans la mise au point du manuscrit anglais. De même, le soutien financier que les éditeurs des *Cornell Studies in Classical Philology* avaient généreusement accordé à mon livre mérite ici un nouveau tribut de gratitude.

D'autre part, je ne saurais trop remercier M. Pierre Kaufmann, qui a bien voulu juger que ce livre pouvait présenter quelque intérêt pour des lecteurs non hellénistes. Personnellement, je n'avais pas qualité pour situer ma propre recherche dans la perspective d'une enquête d'ordre psychologique ou philosophique, mais il m'est précieux de penser que le groupement des textes réunis dans ce volume et l'évolution qu'ils m'ont semblé retracer seraient susceptibles d'alimenter la réflexion de tels lecteurs. À dessein, le texte lui-même ne comporte pas de citations en grec, afin de ne les point rebuter : les hellénistes | trouveront ces citations dans les notes et n'en seront point gênés. Au reste, je pense qu'ils partageront ma reconnaissance envers ceux qui, en acceptant de publier mon livre dans cette collection, ont ainsi laissé entendre que l'étude des textes grecs avait une place à remplir dans les modernes sciences de l'homme.

J.R.

Note sur les Conférences Messenger

Ces conférences, qui sont, chaque fois, au nombre de six, ont été fondées par Hiram J. Messenger, B. Litt., Ph. D., de Hartford, dans le Connecticut (U.S.A.). Elles doivent porter sur un aspect de l'évolution de la civilisation et présenter une vocation humaniste ; le texte les établissant prévoit, en effet : « a course or courses of lectures on the evolution of civilization, for the special purpose of raising the moral standard of our political, business, and social life ». Leur fondation remonte à l'année 1923.

Note sur les citations

Les traductions sont, sauf indications particulières, empruntées à la collection « Universités de France », publiée aux Belles Lettres, sous le patronage de l'Association Guillaume Budé.

Note sur la bibliographie

On ne trouvera pas dans ce livre de bibliographie : celle-ci comporterait à la fois tous les ouvrages portant sur la tragédie grecque et toutes les études relatives à la notion de temps : il a semblé préférable de ne pas présenter un choix, qui ne pourrait être qu'arbitraire.

Note de l'éditeur

Ce livre est originellement paru dans la collection « Sciences de l'Homme », dirigée par Pierre Kaufmann, qui avait rédigé une courte Préface. Nous avons dû supprimer ces deux pages, à la fois pour des raisons techniques et parce qu'elles perdaient de leur sens une fois le livre transféré dans la collection « Essais d'Art et de Philosophie ».

Les références données en marge de cette édition au format poche signalent la pagination de l'édition précédente (1995).

LE RÔLE DU TEMPS
DANS LA TRAGÉDIE GRECQUE

On a souvent étudié, au cours de ces dernières années, la formation et l'élaboration de la notion de temps en Grèce, cela en particulier depuis l'étude d'Hermann Fraenkel parue pour la première fois en 1931[1]. Parmi les travaux les plus poussés qui ont été consacrés à cette notion, on peut citer ceux, en italien, de E. Degani et S. Accame[2]. L'idée générale inspirant de telles recherches est que les Grecs, à l'origine, n'ont pas eu du temps une idée bien nette. Ils n'en ont pas beaucoup parlé :

---

[1]. H. Fraenkel, « Die Zeitauffassung in der archaischen griechischen Literatur », *Beilagenheft zur Zeitschrift für Aesthetik und allgemeine Kunstwissenschaft*, XXV (1931), p. 97-118, reproduit dans *Wege und Formen frühgriechischen Denkens*, München, 1955, p. 1-22.

[2]. E. Degani, ᾿ΑΙΩΝ *da Omero ad Aristotele*, Padoue, 1961 ; S. Accame, « La concezione del tempo nell'eta omerica e arcaica », *Rivista di Filologia e d'Istruzione classica*, N.S., XXXIX (1961), p. 359-394. On pourrait y joindre B. Onians, *The Origins of European Thought about the Body, the Mind, the Soul, Time and Fate* (2e éd. Cambridge, 1954, p. 411 *sq.*) ; M. Treu, *Von Homer zur Lyrik, Wandlungen der griech. Weltbildes im Spiegel der Sprache*, München, 1953.

le mot *chronos*, qui le désigne, n'est jamais le sujet d'un verbe chez Homère ; et il n'apparaît pas une seule fois chez Hésiode. Si l'on met à part la poésie orphique, dont le cas demande à être considéré de plus près, le temps n'est mentionné que de loin en loin par les penseurs anciens [1]. Au total, il ne semble avoir pris une place importante qu'à partir du Ve siècle avant J.-C., époque à laquelle on le voit enfin jouer un rôle considérable, d'abord avec Pindare, puis avec la tragédie grecque. La tragédie grecque se situe, en ce sens, au terme d'une évolution ; aussi bien est-ce avec elle qu'Hermann Fraenkel achevait son analyse [2].

10 | La tragédie devrait donc nous fournir, à cet égard, la matière d'une recherche particulièrement riche et présentant un intérêt double.

En effet, si la conscience du temps avait alors vraiment pris corps, si elle existait et comptait, chacun des grands auteurs tragiques a bien dû y être sensible ; et une conception du temps, formulée ou informulée, doit se refléter dans son œuvre. Ces auteurs parlent du temps. Ils en parlent même souvent, puisque le mot *chronos* revient plus de quatre cents fois dans les tragédies conservées. Il sera donc facile de discerner ce que chacun disait du temps, et, en comparant ses vues avec celles des

---

1. On a juste une mention dans Thalès (A 1, Diogène Laërce, I, 35 : cf. *infra*, p. 50) et une dans Héraclite (fr. 52 : cf. *infra*, p. 50). En ce qui concerne le temps chez les philosophes grecs, il faudrait ajouter aux titres donnés plus haut un certain nombre d'études, parmi lesquelles J. de la Harpe, « Le progrès de l'idée de temps dans la philosophie grecque », dans *Festschrift zum 60 Geburtstag von A. Speiser*, Zurich, 1945, p. 128-137.

2. E. Degani étend son étude jusqu'à l'époque hellénistique, et pourtant il n'accorde qu'un bref chapitre de 12 pages à « la tragédie, la comédie et la prose » !

autres, on pourra espérer jeter quelque lumière sur un aspect fort important de son univers intérieur.

Mais, en même temps, il est assez improbable que le développement de l'idée de temps ait été à jamais fini avec la tragédie. Même si la façon de sentir des tragiques, à cet égard, ne s'écarte pas radicalement de la nôtre et ne semble pas, à première vue, impliquer une psychologie différente, il serait normal de penser que la notion reste marquée par son évolution antérieure et conserve des caractères suggérant que celle-ci n'était point achevée. Les Grecs du Ve siècle étaient plus près que nous des origines. Aussi peut-on penser que la tragédie, même si elle n'a guère retenu l'attention des savants soucieux de retracer une histoire de l'idée de temps, apporte en ce domaine un témoignage précieux : en étudiant le rôle qu'y joue l'idée de temps, on peut espérer obtenir un éclairage nouveau, et un exemple de plus illustrant la façon dont les Grecs n'ont cessé d'élaborer et de préciser les diverses notions sur lesquelles repose notre pensée moderne. Autrement dit, le but est double : il s'agit, en effet, d'abord, de parvenir à une meilleure compréhension des œuvres et des auteurs; mais il n'est pas exclu qu'un tel thème apporte une contribution à l'histoire des idées et de la psychologie.

Toutefois, malgré l'attrait de telles perspectives, la recherche ainsi définie ne sera pas abordée immédiatement. Car la situation privilégiée que semble occuper la tragédie dans l'histoire de l'idée de temps mérite, auparavant, quelque attention. Si, en effet, le genre tragique est né au moment même où la conscience du temps arrivait à son plein développement, il convient de se demander si la rencontre est fortuite, et si la structure même | de la tragédie n'en porte pas 11 l'empreinte. En d'autres termes, on peut chercher si la tragédie grecque, en général, ne présente pas des caractères qui reflètent tout à la fois l'importance nouvelle attribuée au temps et les tendances plus anciennes marquant encore la sensibilité grecque.

*

Si le temps est le lieu du changement, la tragédie est, par essence, liée au temporel. Elle se consacre, en effet, à un événement unique, qui vient rompre l'ordre établi, changer la situation d'un ou plusieurs personnages, bouleverser leur vie. Elle joue sur un contraste entre avant et après; et plus ce contraste est grand, plus tragique est l'événement. C'est là sans doute une des raisons qui expliquent la présence dans la tragédie de tant de réflexions portant sur le temps et ses bouleversements, sur leurs explications ou leur caractère imprévu. Pindare parle du temps pour souhaiter échapper à ses perturbations : les personnages tragiques parlent du temps parce qu'ils sont brutalement soumis à ces mêmes perturbations; en un sens toute tragédie présente et commente un effet du temps.

Mais qu'il décrive un bouleversement ne suffit pas à définir le genre tragique. Car ce trait se retrouve en divers autres genres littéraires – quand ce ne serait que l'épopée. Quelle est donc la différence ?

La différence est bien claire et Aristote l'avait reconnue, quand il a dit, d'abord, que la tragédie s'enfermait dans un temps étroitement délimité, et, d'autre part, qu'elle devait s'attacher à une action élevée et complète. Ces deux déclarations, on le voit, font l'une et l'autre intervenir le temps.

La première est d'ordre pratique et pose une limite. Aristote, en effet, écrit dans la *Poétique* (1449b) que la tragédie « s'efforce de s'enfermer autant que possible dans le temps d'une seule révolution du soleil, ou de ne le dépasser que peu, tandis que l'épopée n'est pas limitée dans le temps ». Cette règle, en fait, peut connaître des exceptions : J.C. Kamerbeek l'a montré récemment en ce qui concerne Eschyle [1]. Mais, d'une façon générale, on peut dire qu'elle est observée ; et c'est là un trait important. Il signifie que la tragédie se concentre sur une action unique, dont elle suit le développement, de façon continue, au cours d'une période donnée.

| L'épopée raconte des actions diverses. Elle s'installe dans   **12** un passé indéterminé, et étale tout côte à côte. Elle peut faire alterner des scènes d'intérieur et des scènes de batailles, passer à loisir de Troie à la tente d'Achille ou à celle d'Agamemnon, s'arrêter pour un récit ou pour une parenthèse. Au contraire, l'action tragique s'installe dans un présent unique, auquel elle nous oblige à participer, minute par minute. Elle imite directement la vie et ne suppose l'intervention d'aucun narrateur : elle suit donc ce qui arrive aux personnages, au fur et à mesure, en nous associant à leurs émotions. Elle en épouse le déroulement, selon un rythme qui reproduit le rythme même du temps.

Le résultat est que l'action devient, comme dit Aristote dans l'autre témoignage cité, « élevée et complète » (*spoudaia kai teleia*). Comme tout se rapporte à une seule action, celle-ci acquiert à la fois plus de portée et plus de sens. On voit comment elle progresse, quels en sont les dangers, et quel est l'aboutissement. De là, une tension intérieure qui s'attache à son développement et donne le sentiment d'une crise exceptionnelle.

---

1. « Aspecten van de Tijd in de Griekse Tragedie, Speciaal bij Aeschylus », *Medelingen der Kon. Nederl. Akademie*, N.S., XXVI (1963), p. 147-158.

La différence peut être illustrée au moyen de deux exemples.

On peut invoquer tout d'abord la comparaison assez frappante établie récemment par G.M. Kirkwood entre le passage de Sophocle où Ajax dit adieu à son fils et la scène parallèle de l'Iliade contenant les adieux d'Hector. M. Kirkwood écrit, à ce sujet, qu'il trouve dans la scène de Sophocle une « immeasurably greater tension, rhetorical emphasis, compression and urgency »[1]. Ce trait correspond bien à la différence des genres. D'abord, la portée de la crise est autre : l'héroïne de Sophocle risque infiniment plus que celle d'Homère, puisque l'une est une captive, dont le compagnon veut se suicider, et l'autre une reine comblée, dont le mari part aux combats avec tous les autres guerriers. Mais surtout, le contexte est autre : chez Homère, l'émotion surgit soudain, pour se mettre bientôt en veilleuse : l'on va d'une scène à l'autre ; le pathétique se diversifie ; au contraire, depuis le début de la pièce de Sophocle, le sort d'Ajax et de Tecmesse a constamment été en cause ; depuis le début, on n'a cessé de participer aux angoisses de cette dernière ; et la menace qui pèse sur le héros doit aussitôt se préciser pour aboutir à son suicide. La scène participe donc d'une tension intérieure qui est propre au genre tragique et qu'elle acquiert, précisément, en passant d'un genre dans l'autre.

13 | Encore cette scène est-elle privilégiée par l'imitation étroite que Sophocle a faite d'Homère : la scène épique était, ici, assez simple et assez tendue pour pouvoir être transposée, presque sans changement, à l'intérieur d'une tragédie. Mais le

---

1. « Homer and Sophocles' *Ajax* », dans *Classical Drama and its Influence*, Londres, 1965, p. 58.

cas n'est guère fréquent. Et l'on ne pourrait citer aucun autre exemple où la transposition soit aussi fidèle – peut-être, justement, parce que les deux genres avaient des lois trop différentes pour rendre la chose très facile.

Que l'on pense par exemple à la fameuse querelle entre Agamemnon et Achille, qui ouvre l'Iliade : où trouvera-t-on l'équivalent dans la tragédie ? On y trouve des querelles, bien sûr – comme lorsqu'Agamemnon et Ménélas se querellent pour la vie d'Iphigénie, Ménélas et Pélée pour celle d'Andromaque. Mais ces querelles ne surgissent pas librement, pas plus qu'elles ne se déploient librement. Elles sont prises dans une suite ; elles sont directement rattachées à une question bien précise, dont la tragédie tout entière suit les péripéties et dont l'issue implique, pour un des personnages, ou la vie ou la mort[1]. En fait, elles débattent de cette question, et ne font que donner au conflit en cours une expression concrète et pressante.

Pratiquement, une seule querelle, dans la tragédie grecque, semble revêtir une importance propre et compter pour elle-même : c'est celle qui oppose Médée à Jason, dans la *Médée* d'Euripide. Mais, même là, le développement de l'action tragique et le contexte qu'apporte la pièce donnent à cette querelle une dimension différente.

Quand Médée se trouve en présence de Jason, dans la pièce d'Euripide, on la connaît déjà depuis 445 vers. Sa rancune, son désespoir, son angoisse, ont d'abord été décrits indirectement, puis montrés de façon directe, dans toute leur intensité.

---

1. La querelle de l'Iliade entraîne des conséquences encore plus considérables ; mais nous ne le savons pas lorsque nous en lisons le récit, et, dans la suite, il arrive très souvent que nous puissions l'oublier.

Là-dessus on a vu arriver le roi du pays, Créon, qui, par une nouvelle menace, a brusquement donné un caractère d'urgence au drame qui menace Médée, faisant ainsi jaillir en elle la décision de la vengeance et imposant à cette vengeance une réalisation imminente. Médée s'est fait donner un jour de répit : « Un seul jour ! Laisse moi demeurer aujourd'hui » (340). Aussi faut-il que tout se joue tout de suite : « Si le divin flambeau du prochain soleil vous voit, toi et tes fils, à l'intérieur de nos frontières, tu mourras ! », dit le roi (352-353) ; « Et en ce jour, de trois de | mes ennemis je ferai des cadavres : du père, de la fille et de mon époux », dit Médée (375). Dans une telle perspective, la haine que vont se renvoyer face à face les deux époux acquiert un double prolongement. D'abord elle est préparée, avivée, échauffée jusqu'à un paroxysme : elle est inscrite dans une continuité[1]. Ensuite, elle se découpe sur un arrière-plan de meurtres tramés et débouche sur un désastre. Elle n'explique plus seulement, comme dans l'Iliade, une décision capitale : elle se tend entre un avant et un après, sans nous laisser nul répit jusqu'à la consommation finale – cette consommation finale qui apporte avec elle une mort, des morts, et la ruine de tous les espoirs, si bien que l'action est véritablement conclue, ou, comme dit Aristote, *teleia*.

1. Ce trait, naturellement, ne présente pas la même netteté dans toutes les tragédies. Une pièce comme les *Troyennes*, par exemple, se compose de plusieurs actions successives, comme si elle appartenait à l'épopée et en constituait un fragment. Cette possibilité sera examinée plus loin (cf. *infra*, p. 35). Mais, même dans des cas de ce genre, on notera que ces différentes actions se rapportent toutes à une seule émotion – en l'occurrence, celle d'Hécube – dont on suit la progression dans sa continuité : tous les épisodes sont centrés sur elle et concourent ensemble au développement d'une seule souffrance.

Par cette structure si particulière, le genre tragique diffère donc profondément de l'épopée; il instaure en Grèce quelque chose de nouveau. Et il paraît assez logique qu'un tel genre ait pris naissance à un moment où la conscience du temps se trouvait en plein essor – puisque la tragédie éveille nos émotions en suivant une crise donnée dans son développement continu et inexorable.

Mais cela même n'est pas tout. Car il reste à expliquer et ce terme de « crise », qui vient d'être employé ici, et cet adjectif *spoudaia*, c'est-à-dire « élevée », qu'Aristote a employé, à côté de *teleia*, pour qualifier l'action tragique.

Cette action est brève et continue; elle ne laisse de place pour aucune distraction; mais pourquoi semble-t-elle si sérieuse, si décisive, si palpitante? Eh bien, parce que la brève série d'événements qui la constitue doit encore mettre en cause les problèmes les plus graves et les enjeux les plus décisifs. En un jour, on saura si Médée doit vivre ou mourir : cela est de l'ordre des faits. Mais également, en un seul jour, tout son amour passé, ses sacrifices, ses espérances, seront mis en question; et l'honneur de Jason aussi, ainsi que le droit des gens à se venger. Tout le passé et tout l'avenir seront donc impliqués | dans l'action ainsi engagée : elle est sérieuse, elle 15 est décisive; et, pour cela, elle est, au sens étymologique du mot, une « crise », c'est-à-dire une événement qui tranche et qui juge (de *krinein*, signifiant « juger », « départager »).

Ainsi s'explique que la tragédie donne tant de place au passé et s'attache si souvent à le discuter. Car il est tout entier concerné; et il doit aider à décider ce qui est bien et pourquoi. Que l'on reprenne, en effet, *Médée*. On a vu que l'urgence présidait au déroulement de la pièce. Et pourtant, les premiers mots remontent en arrière, jusqu'au départ du navire Argo, jusqu'avant la première rencontre entre Médée et Jason. Ce retour en arrière est, en un sens, un moyen d'exposer les faits ; mais c'est aussi une façon de montrer comment le drame prit naissance, quelles responsabilités chacun put y avoir, et quel profond ressentiment a dû se développer dans l'âme de Médée. L'action commence à un moment bien déterminé ; mais le problème moral remonte à beaucoup plus loin. Et cette remarque ne vaut pas pour le seul prologue : tout au long de la pièce, les divers personnages reviennent, indéfiniment, sur les événements d'autrefois. Médée et Jason y cherchent des arguments pour justifier leur cause : « C'est par le commencement que je commencerai. Je t'ai sauvé… », explique Médée (475) ; et Jason, lui, tire argument du fait que Médée avait tué ses frères : « Tels furent tes débuts », s'écrie-t-il (1336). Ces « débuts », vers lesquels tous se tournent, nous aident non seulement à comprendre les actes de chacun et les motifs qui les expliquent, mais à voir comment la justice et la vengeance, la prudence et la violence sont engagées dans la crise en cours.

Par là, la tragédie devient une considération sur une phase du devenir. Elle n'est pas seulement liée à la notion de temps dans la mesure où elle reproduit, dans leur suite vivante, une certaine série d'événements : elle l'est aussi en profondeur, parce qu'elle ne cesse d'établir des rapports entre cette série d'événements et le passé ou l'avenir, parce qu'elle tente de mettre à jour des causes et des responsabilités, parce qu'elle invite à méditer sur leurs effets. Elle exprime donc toujours, que l'auteur le veuille ou non, une certaine philosophie du temps.

Ce trait constitue une seconde raison expliquant le nombre des réflexions consacrées au temps, que l'on trouve dans la tragédie. Et il peut suggérer plus, si l'on admet qu'en fin de compte ce n'est peut-être pas par hasard que la tragédie se trouve naître au moment même où naît l'histoire.

| *   **16**

Une crise brève et continue, dont les origines et les répercussions couvrent un grand espace de temps et des événements multiples : tel paraît être le double caractère exigé de l'action tragique, et la double fonction qu'y doit jouer le temps. Or, il y a là deux traits qui peuvent n'être pas faciles à concilier, à combiner. Aussi peut-il valoir la peine d'examiner d'un peu plus près comment chacun des trois grands tragiques a résolu ce problème. S'il faut tout à la fois lier les divers moments du devenir et isoler une crise précise, chaque auteur doit faire un dosage, qui commande la structure de ses tragédies. Et l'histoire de ces divers dosages est un peu celle du genre tragique.

Eschyle, lui, a surtout insisté sur les grands enchaînements qui lient de façon indissoluble le passé, le présent, et l'avenir. Et c'est là un trait qui, pour nous modernes, paraît profondément original.

Dans toutes ses pièces, on trouve de longs passages dans lesquels le chœur ou les personnages s'étendent avec complaisance sur des événements antérieurs à l'action, qui se placent plusieurs années auparavant, et parfois même à une ou deux générations de distance. La parodos des *Perses* commence ainsi par rappeler le départ de l'armée du roi ; celle d'*Agamemnon* consacre plus de deux cents vers aux débuts de l'expédition, qui prit la mer il y a dix ans. Ces souvenirs passés donnent naissance à l'angoisse : ils présagent le désastre, qui sera comme la rançon des fautes commises alors. Mais il y a plus. Car, s'il est vrai que chaque pièce est centrée sur une crise précise, chaque crise à son tour sert de cause à la suivante. Les trois pièces s'articulent, pour former une trilogie. Et sans doute chacune d'entre elles a-t-elle son sens et son intérêt (le plus souvent, nous ne connaissons qu'une d'entre elles, car les autres ont été perdues), mais on ne peut pourtant en saisir pleinement la portée, sans se référer à l'ensemble pour lequel elle était écrite. On le voit bien par l'*Orestie*, la seule de toutes les trilogies qui nous ait été conservée. En effet, la conduite d'Agamemnon et les crimes de ses ancêtres rendent compte de sa mort, et ils n'en rendent pas seulement compte sur le plan des faits et en termes de vengeance : ils la justifient aussi moralement, en termes de justice divine ; mais, de plus, cette mort, à son tour, appelle une vengeance, qui elle-même en appelle une autre. Tout se tient, tout est lié. Et chaque pièce, vers sa fin, voit poindre le thème de la suivante. À la fin de

17 l'*Agamemnon*, | le coryphée évoque l'idée qu'Oreste pourrait un jour venir venger son père, et dit : « à moins qu'un dieu ne guide Oreste jusqu'à nous… » (1667). À la fin des *Choéphores*, Oreste fuit, poursuivi par les Érinyes qui se matérialiseront au début de la pièce suivante, et le chœur demande, angoissé : « Où donc s'achèvera, où s'arrêtera, enfin endormi, le courroux d'Atè ? » (1075-1076). La tension intérieure de chaque pièce est ainsi renforcée de celle qu'apportent les deux autres. Et, parce que chaque pièce est directement rattachée à l'histoire des Atrides, dans sa vaste continuité, le poids du passé semble d'autant plus lourd, l'anxiété plus intense, et l'événement plus chargé de sens.

Mais, en même temps, à l'intérieur de chaque tragédie[1], Eschyle ne manque pas d'insister sur l'urgence de la crise en cours ; et il est aisé de relever les procédés par lesquels il fait en

---

1. Il faut excepter *Prométhée*, où il y a encore moins d'action que dans les *Perses*. Encore la tension et l'anxiété sont-elles éveillées à la fin, de façon très forte.

sorte que tout ce long passé vienne se cristalliser autour d'un moment décisif.

Dans les *Perses*, pièce de deuil, le présent n'est fait que de plaintes sur un passé que l'on découvre. Cependant, il y a une impression d'attente et d'inquiétude, que vient renforcer un rêve alarmant. Puis arrive la nouvelle ; et la portée d'un tel moment est fortement marquée par le chant du chœur, avec ses *nun* (« maintenant ») fortement scandés, qui ouvrent, l'un l'introduction, l'autre le chant proprement dit : « Ô Zeus roi, l'heure est donc venue... » (532) ; « Oui, l'heure est venue où l'Asie entière gémit » (548).

Dans les tragédies comportant vraiment une action, Eschyle multiplie les indications de ce genre pour marquer que la crise approche et pour en faire sentir l'urgence. Dans les *Sept contre Thèbes*, on voit la pièce s'ouvrir sur l'idée que tout va se jouer maintenant ; les mots le disent et le répètent : « à cette heure », « mais voici qu'aujourd'hui », « car voici approcher »[1]. Les première scènes se déroulent dans une atmosphère de préparatifs, de prières, de souhaits et de craintes, se rattachant toujours au moment décisif dont la venue est imminente : « Quand donc, si ce n'est à cette heure, aurons-nous recours aux supplications des voiles et des guirlandes ? » (102). Tout converge donc vers un moment unique, dont la venue est guettée dans une tension sans cesse croissante.

|La structure des *Suppliantes* est, à cet égard, similaire. Une **18** même atmosphère de supplications terrifiées domine tout le début de la pièce ; et, quand la crise approche, son imminence est annoncée par tous, dans un paroxysme d'angoisse. On retrouve donc, vers le milieu de la pièce, l'idée que c'est le

1. Ainsi au vers 10 : νῦν, au vers 24 : νῦν δὲ, au vers 59 : ἤδη.

moment où jamais de s'adresser aux dieux : « Voici l'heure pour les dieux, enfants de Zeus, de nous prêter l'oreille... » (630) ; et, de fait, le danger approche : « Les nefs au vol rapide sont déjà là : il n'est plus de délai » (735).

Le cas de l'*Orestie* n'est pas moins caractéristique ; car on y voit comment Eschyle combine la tension propre à chaque pièce avec le lien d'une pièce à l'autre, dont il a été question. *Agamemnon* s'ouvre le jour où Argos apprend la prise de Troie, le jour où cette nouvelle est confirmée par le messager, le jour où revient le roi [1]. Et l'on sait que la crise approche, non seulement à cause des craintes obscures du chœur ou des visions qui secouent Cassandre, mais parce que son imminence est signalée avec force à l'instant où tout va se jouer. C'est le moment où le roi va pénétrer dans le palais (851 : *nun*) ; et, pour Cassandre aussi, « le jour est venu » (1301). D'un bout à l'autre de la pièce, un seul acte s'annonce et se rapproche, en une série de seuils, dont chacun est guetté avec anxiété. De même les *Choéphores* s'ouvrent le jour du rêve de Clytemnestre, le jour du retour d'Oreste ; et l'action se tend vers un acte unique, que chaque mot prépare un peu mieux ; en outre, l'instant décisif est, ici encore, annoncé solennellement. Quand Oreste entre dans le palais, le chœur adresse aux dieux une prière plus urgente encore que les autres ; et il insiste, en un tour dont la traduction en mot-à-mot serait : « Maintenant entends nous, maintenant secours nous. Maintenant, en effet, arrive le moment où ... » (725-726) ; au début du stasimon, on

---

1. Il est naturellement impossible que ces trois événements se succèdent en un temps si bref ; mais il est intéressant de voir que, précisément, Eschyle a violé la vraisemblance chronologique afin de renforcer les éléments destinés à suggérer la progression de la crise et son imminence.

retrouve le même « maintenant » lancé, de manière empha-
tique, juste en tête de la première strophe : « Maintenant, je t'en
conjure, Zeus… » (783) ; c'est le même « maintenant » qui,
plus tard, marquera le moment où Égisthe, à son tour, entrera
dans le palais pour y être tué ; le mot ouvrira, cette fois encore,
la phrase : « Maintenant on va voir les glaives souillés de
sang… » (859). Enfin, ce n'est pas de façon différente | que **19**
la tragédie des *Euménides* monte de seuil en seuil jusqu'à ce
procès qui réglera tout, et pour la pièce et pour la trilogie ; et ici
encore, juste avant le moment fatal, un chant du chœur s'ouvre
sur le mot « maintenant » ; il dit (toujours en mot-à-mot) :
« Maintenant vient le bouleversement amenant des lois
nouvelles… » (490).

*

Les tragédies d'Eschyle offrent donc une structure bien
reconnaissable, parce que le schéma en est simple. On peut
même le juger trop simple. Il suppose, en effet, une donnée
remplissant des conditions déterminées ; car la crise, pour être
ainsi préparée à l'avance, doit être un acte unique, facilement
prévisible. Ces conditions ne se retrouvent plus dans le théâtre
de Sophocle : l'action y devient plus complexe et une place
plus grande est faite aux surprises dramatiques. En fait, les
tragédies de Sophocle sont centrées sur un héros unique, qui
est exposé à perdre – et qui perd bien souvent – la vie ou
l'honneur ou les deux à la fois. Aussi n'est-il plus nécessaire
de remonter à un passé aussi lointain ; on ne parle plus de
l'histoire d'une famille ; seul, le sort passé du héros peut
demander à être rappelé, et une unique tragédie suffit sans
difficulté à couvrir le sujet. Mais, d'autre part, la crise tragique
se modifie elle aussi : elle est plus liée à l'action du héros ; elle

n'a donc plus l'ample simplicité de la justice divine : au contraire, elle rebondit au gré des passions humaines, devient plus complexe, plus irrégulière. Aussi Sophocle est-il amené à modifier le dosage adopté par Eschyle. Et il peut être intéressant de voir comment il a repris les procédés de son prédécesseur en les changeant à peine – mais en les changeant juste assez pour les adapter à cette forme nouvelle qu'il donnait à la crise tragique.

Deux ordres de faits pourront donner une idée de cette modification, ou plutôt de ce glissement : l'un concerne les oracles et la préparation de l'action, l'autre concerne la tension et le relief donné au moment décisif.

Chez Eschyle, les événements pouvaient être prévus à l'avance. Chez Sophocle, il y a bien de nombreux oracles ; mais on doit remarquer que, souvent, ils annoncent non pas la nature de l'événement à venir, mais le moment où il doit venir[1]. Autrement | dit, ils annoncent une crise, tout en ne disant pas ce qu'en sera l'issue.

Dans les *Trachiniennes*, on le constate dès le début de la pièce. Déjanire, en effet, s'inquiète, à cause d'un oracle que connaissait Héraclès : « Et il fixait une date d'avance : lorsqu'il aurait été absent de ce pays une année entière et trois mois, l'heure décisive serait venue pour lui : ou il succomberait, ou, s'il échappait à la mort, il vivrait désormais exempt de tout

1. Chez Eschyle, les oracles et signes prophétiques ne donnent jamais d'indication de temps (sauf pour la prophétie de *Prométhée*, 774, où l'époque visée est si lointaine qu'elle semble à peine réelle). Et l'erreur dans l'interprétation des signes prophétiques porte souvent justement sur le temps ; ainsi *Perses*, 739-741 : « Ah ! elle est vite venue, la réalisation des oracles, et c'est sur mon propre fils que Zeus a laissé tomber l'achèvement des prophéties. Je me flattais qu'il faudrait aux dieux de longs jours pour les accomplir jusqu'au bout… ».

chagrin » (164-168). Donc l'issue est incertaine ; mais le délai
ne l'est pas ; et c'est ce qui inquiète Déjanire ; car l'heure est
arrivée : « Or, la vérité de ces prophéties justement concorde à
cette heure avec les données prévues pour leur accomplisse-
ment » (173-174)[1]. Ainsi les émotions se tendent, les atten-
tions s'éveillent, un peu comme chez Eschyle ; mais une place
plus grande est laissée à l'inconnu, à la surprise. Le temps reste
essentiel ; mais au lieu que ce qui compte soit surtout sa
longueur et sa continuité, on voit plutôt l'importance qu'il
prend au moment où l'action s'engage.

Qu'une telle forme d'oracles soit familière à Sophocle est
attesté par bien des exemples, et le fait se vérifie même quand
la mention de l'oracle ne sert pas à susciter l'intérêt ou
l'anxiété, et ne fait que donner à l'action une majesté accrue.
Tel est le cas dans un autre passage des *Trachiniennes*,
emprunté, cette fois, à la fin de la pièce. Héraclès est alors sur
le point de mourir et il rappelle qu'à Dodone, jadis, l'oracle lui
a parlé ; or, il insiste avec beaucoup de force sur cette idée de
temps et sur le fait qu'on est à l'heure où les oracles s'accomplissent : « Il m'a déclaré qu'à cette date même, à l'heure où
nous sommes » (en mot-à-mot : « en ce temps qui maintenant
vit et se trouve là »), « je verrais s'achever les malheurs qui
m'accablent ». Héraclès avait cru que l'oracle lui annonçait
une heureuse délivrance : il s'agissait, en fait, de sa mort.
Donc, ici encore, l'issue était inconnue et l'oracle indiquait
seulement un moment dans le temps, ce qui donne à la crise en
cours un relief plus saisissant.

---

1. Le mot χρόνος est employé trois fois dans les quelques vers cités ici,
sans compter des expressions comme τότε, τὸ λοιπὸν ἤδη, νῦν.

Si l'on passe de là à *Ajax*, les faits ne sont pas moins nets.
Les paroles d'Athéna au prologue nous mettent en présence
21 | d'une situation désastreuse et d'une menace divine, dont le
début de la pièce révèle assez la gravité. Mais Sophocle a tenu
pourtant à ajouter un élément, qui vient donner à cette menace
un relief plus dramatique : quand Ajax est sorti, laissant ses
marins pleins de joie et d'espoir, un oracle intervient, apporté
par un messager ; Tirésias a dit à Teucros de surveiller de près
Ajax : « Il lui a dit, lui a recommandé d'enfermer à tout prix
Ajax dans sa baraque, *tant que ce jour luirait*, et de l'empêcher
d'en sortir, s'il voulait le revoir vivant ; car c'est *durant ce
jour, ce seul jour*, selon lui, que le poursuivrait la colère
d'Athéna » (752-756). Plus loin, le messager répète : « C'est *en
ce jour* que se décide la mort ou le salut d'Ajax » (801)[1]. La
mort ou le salut : Ajax peut être sauvé ou perdu ; mais on sait
que c'est ce jour-là ; et l'insistance verbale sur l'heure décisive
est, encore une fois, très grande. Or, cette notion amène,
naturellement, une recrudescence d'angoisse dans l'entourage
d'Ajax, et une impression d'urgence, qui se communique au
spectateur, avant de prêter au suicide d'Ajax un relief tragique
d'autant plus grand[2].

Le même trait se retrouve dans *Œdipe à Colone*, où l'on
apprend dès le début qu'un moment décisif est venu pour

---

1. Ici encore, les indications de temps sont fortement soulignées ;
cf. 752 *sq.* : κατ' ἦμαρ τοὐμφανὲς τὸ νῦν τόδε, puis τῇδε θἠμέρᾳ μόνῃ, et, à
801 : καθ' ἡμέραν | τὴν νῦν.

2. On remarquera que les dieux, chez Sophocle, prêtent grande attention au
temps fatidique. Dans *Philoctète*, tous les malheurs du héros viennent du fait
que les dieux ne voulaient pas permettre qu'il prît Troie « avant l'heure où il
est prédit à cette ville qu'elle doit tomber sous ses traits » (199-200 : πρὶν ὁδ'
ἐξήκοι χρόνος, ᾧ λέγεταί χρῆναί σφ' ὑπὸ τῶνδε δαμῆναι).

Œdipe. Il sait déjà, en termes clairs, qu'à son arrivée à Colone, sa vie doit connaître un retournement (91). L'on peut rapprocher son cas de celui d'Oreste dans Eschyle, car un oracle a annoncé à ce dernier qu'il aurait à errer dans beaucoup de pays jusqu'au moment où il arriverait à Athènes : alors, Apollon veillerait à sa libération[1]. Les deux oracles se ressemblent. Mais celui de Sophocle est plus mystérieux. Il est aussi plus lié à la crise : dans Eschyle, l'oracle est connu longtemps à l'avance, et il ouvre toute une ère d'attente ; au contraire, dans Sophocle, on n'en apprend l'existence qu'au moment où l'heure est enfin venue et la réalisation imminente[2]. Encore n'est-ce pas tout : d'autres oracles dans la même pièce apportent bientôt d'autres révélations : ils rendent essentiel de savoir quelle cité aura | l'avantage de posséder le tombeau d'Œdipe ; **22** ainsi s'ouvre un conflit nouveau, amenant une nouvelle crise. Et, plus tard encore, quand Œdipe est près de mourir, divers signes et présages viennent tourner l'attention de tous vers l'événement qui va s'accomplir, et ajoutent à son relief.

Cette modification dans l'utilisation dramatique des oracles est donc constante. Elles est d'autant plus révélatrice qu'elle ne va pas seule. Comme on pouvait s'y attendre, Sophocle insiste autant qu'Eschyle sur l'urgence de la crise[3].

---

1. *Euménides*, 79 *sq.*

2. Pour cette impression de « enfin », *cf.* 103 : ἤδη.

3. Toutes les pièces fournissent des exemples de cette insistance, mais de façon plus ou moins frappante. Quelquefois on trouve l'urgence (*Phil.*, 15), quelquefois le paroxysme (*Trach.*, 1045-1047, 1074-1075), quelquefois une impatience qui donne plus de poids à une arrivée ou à une révélation (*Œdipe Roi*, 73, 289, 1050). Dans *Electre*, on trouve tout d'abord l'annonce du châtiment senti comme imminent (478, 489), puis une impression d'urgence, fortement marquée, quand le moment d'agir est venu (1337-1338 : « Traîner est un

Seulement, comme l'action est chez lui devenue plus complexe, l'accent est mis, successivement sur chacune des étapes qui en marquent la progression. Et l'ancien procédé d'Eschyle est repris par Sophocle, mais multiplié et monnayé en une série de crises successives, qui se combinent entre elles. On peut se rendre compte de cette complexité accrue en considérant deux tragédies, prises à des époques très différentes de la carrière littéraire de Sophocle.

Parmi les pièces anciennes, on peut retenir l'exemple d'*Ajax*. Dès le début, divers détails insistent sur le caractère dramatique de la situation récemment créée. Devant la description de cette situation, le chœur s'écrie : « Alors, c'est le moment de couvrir ma tête d'un voile... » (246). L'on n'a jamais vu Ajax en un tel état (318 : « jamais encore » ; 411 : « jamais... auparavant »). Pourtant, l'espoir apparaît (707 : « Voici de nouveau l'heure ! voici l'heure, ô Zeus, où le pur éclat d'un beau jour s'épand sur nos nefs agiles... »). Ajax est-il sauvé ? Hélas non : les nouvelles relatives à l'oracle risquent d'être arrivées trop tard (738-739). Il faut se hâter (803 : « Hâtez-vous... au plus vite ») ; 811 : « il ne s'agit pas de rester sans agir »). Et même quand Ajax est mort, tout n'est pas encore résolu : va-t-on pouvoir l'ensevelir ?, la question importe beaucoup : « Voici l'instant décisif d'une terrible querelle : va, hâte-toi, Teucros, autant que tu pourras » (1163).

23 Ponctué de bonnes et de mauvaises nouvelles, le rythme | qui tend les sentiments autour d'une crise imminente se poursuit et

mal en pareille affaire et l'heure est venue d'en finir », ἀπηλλάχθαι δ' ἀκμή ; 1368 : « Voici le moment d'agir », νῦν καιρὸς ἔρδειν ; 1389 : « Ah ! il n'a plus longtemps à rester en suspens dans l'air, le songe entrevu par mon cœur » ; 1397 : Hermès « se refuse à plus attendre »).

se renouvelle, et les détails du style en rendent bien sensibles les divers temps forts.

Il en est de même dans *Œdipe à Colone*, qui fut écrit à la fin de la vie de Sophocle. On a dit plus haut que l'oracle, dès le début attirait l'attention sur la crise à venir. Mais ce n'est pas tout : déjà l'on attend Thésée ; et bientôt Ismène vient annoncer d'autres visites, redoutables et imminentes (397 : « non point dans des années, mais bien dans un instant ») ; en même temps, Œdipe lui-même laisse planer un mystère en promettant des révélations pour plus tard. Menaces et promesses doivent se combiner : le résultat de leur combinaison décidera du sort d'Œdipe. Or, voici que les deux attentes se colorent soudain d'urgence. D'abord, c'est le cas pour la menace ; et l'urgence est causée par la violence même de Créon, qui ne laisse place à aucun délai[1]. L'idée de hâte intervient donc, comme dans *Ajax* ; et les mots exprimant la promptitude s'accumulent ici encore (885 : « vite » ; 897 : « le plus vite possible » ; 904 : « vite ») ; et bientôt un chant du chœur est tout entier consacré à l'anxiété de l'attente (1057 : ils « vont bientôt se trouver pris dans une mêlée décisive » ; 1074 : « Sont-ils en action ? sont-ils près d'agir ? »). Cette attente, ce « suspense », comme on dirait aujourd'hui, serait assez pour remplir une pièce. Mais, en l'occurrence, il ne faut pas oublier qu'il y avait aussi les promesses, et une attente, elle, mêlée d'espérance. Or, là aussi, tous les détails du texte nous disent, avec une emphase mystérieuse, que le temps est enfin venu. Et, puisque le temps est venu, on voit à nouveau surgir la hâte, devant l'imminence de

---

1. *Cf.* 861-862 : « Et ce sera chose faite aussitôt – à moins que… ». La subordonnée laisse planer un doute dans l'esprit du spectateur quant à l'issue de l'affaire : c'est le même genre de doute que laissent, on l'a vu, planer les oracles.

la crise. Œdipe veut parler à Thésée avant de mourir; or il va mourir et ne voit pas Thésée. Il appelle; il insiste: «Voici la foudre ailée de Zeus qui va *à l'instant même* m'emmener aux enfers. Allez, envoyez *au plus vite*» (1460-1461), ou bien, un plus plus loin: «O mes filles, voici venir la fin que les dieux m'ont prédite. Rien ne peut plus la détourner de moi… Ah! qu'on aille *au plus vite* chercher pour moi le roi de ce pays»[1]. L'angoisse se mêle à la solennité qu'amène l'imminence de la mort: «Le roi approche-t-il? me trouvera-t-il, mes filles, encore en vie et maître de ma raison?» (1486). Tout cela parce que – Œdipe le dit plus loin – le moment est venu, le moment décisif: (1508: *rhopè biou*).

Ce mélange de prescience et d'incertitude, de solennité et d'urgence, est un trait propre à Sophocle. Il implique une combinaison d'actions opposées, dont l'aboutissement est finalement une question de temps.

C'est ce que l'on peut appeler la tragédie dramatique, telle que l'ont pratiquée les auteurs de tous les temps.

*

On en retrouve les caractères chez Euripide – du moins quand son théâtre nous présente une vraie crise, préparée à l'avance[2].

---

1. Les mots indiquant la hâte sont nombreux dans les vers 1472-1475: ἥκει – κοὐκέτ᾽ ἔστ᾽ ἀποστροφή – ὡς τάχιστα.

2. Dans *Alceste*, qui est une pièce ancienne, la crise est présentée comme elle pourrait l'être chez Sophocle. La tragédie commence – et le texte le dit avec insistance – le jour décisif, où la reine doit mourir (105: κύριον ἦμαρ; 147: πεπρωμένη…ἡμέρα; 320: οὐκ ἐς αὔριον, | οὐδ᾽ ἐς τρίτην μοι μηνὸς ἔρχεται κακόν, | ἀλλ᾽ αὐτίκ᾽…). Il en est de même pour *Médée*: cf. *supra*, p. 17-18.

Et encore, même dans ce cas, il existe une différence. Car, ici, l'impression d'urgence provient seulement de la détresse où sont plongés les personnages. Il n'y a ni présages, ni prévision raisonnée, ni même de véritable espoir. Cependant, au moment même où cette détresse est à son comble, l'événement décisif arrive. Ainsi, le temps continue bien à être l'élément déterminant; mais il préside dorénavant à des combinaisons chronologiques qui semblent obéir au hasard.

Dans la première partie d'*Héraclès*, par exemple, tout le mal vient de ce que le héros tarde dangereusement à revenir pour sauver les siens. En vain ses enfants demandent: « Mère, … quand reviendra-t-il? » (75). Qui sait quand il reviendra? « Au moindre bruit de la porte, émus, ils se dressent, prêts à se jeter aux genoux de leur père » (78-79). Pendant qu'ils attendent, le tyran se fait impatient: « Combien de temps chercherez-vous à prolonger votre vie? » (143). Les victimes commencent à désespérer, tout est prêt pour le sacrifice : et c'est alors, juste à temps qu'Héraclès, soudain apparaît. C'était le moment décisif (532 : *akmèn*). Pourtant, un retournement que personne n'avait prévu se produit aussitôt après : Héraclès devient fou, et le bonheur récent des siens fait place à un désastre inattendu. La première partie de la pièce est bien fondée sur une combinaison | chronologique d'impatiences contraires : l'autre, en **25** revanche, repose sur la surprise.

Dans *Andromaque*, on a également une attente et un sauveur qui tarde, alors qu'une menace se fait de plus en plus pressante; puis le sauveur survient, en toute hâte : et il arrive à la minute critique [1]. On remarquera seulement que l'attente est

---

1. Dans le prologue, la crainte d'Andromaque est encore générale, imprécise. Puis surgit un projet tendant à tuer son fils (68-69) et à la tuer elle-

ici à peine marquée : on ne parle guère du sauveur avant l'instant où il arrive. Car Euripide laisse ses spectateurs, en même temps que ses héros, désespérer d'abord, pour que le salut, survenant ainsi en surprise, quand on ne l'attendait plus, constitue un coup de théâtre d'autant plus saisissant. C'est déjà ce que l'on avait dans la seconde partie d'*Héraclès*. Et l'on peut ajouter également que la seconde partie d'*Andromaque* se compose, elle aussi, de retournements nouveaux, et que rien ne faisait prévoir.

Ce sont, en effet, là les deux traits complémentaires qui caractérisent la structure des pièces d'Euripide.

D'une part, on a des héros sauvés de justesse, par un événement qui vient à point nommé, au bon moment, en vertu d'une rigoureuse imbrication chronologique. Ion tuera-t-il Créuse avant de savoir qu'elle est sa mère? Iphigénie exécutera-t-elle Oreste avant de savoir qu'elle est sa sœur? Mérope, dans le *Cresphonte*, tuerait-elle son fils avant d'être mise au courant? Hécube et Déiphobe, dans l'*Alexandre*, tueraient-ils également trop tôt? Il en était de même pour les meurtres évités de justesse dans *Hypsipyle* et *Mélanippe philosophe*. Et il faut ajouter que le calcul des temps ne jouait pas un rôle moindre dans les intrigues et les machinations dont le théâtre d'Euripide est si friand. La ruse d'Iphigénie, dans *Iphigénie en Tauride*, consiste à gagner du temps pendant qu'elle prépare sa fuite et celle des prisonniers : le récit insiste sur cet aspect[1]. Le plan d'Oreste dans la pièce qui porte son nom se fonde sur

---

même (167). Cette dernière menace se fait de plus en plus précise. Andromaque doit choisir (316 *sq.*); elle va être mise à mort (425 *sq.*); et l'heure de son exécution approche.

1. 1336 : χρόνῳ δ᾽ἵν᾽ ἡμῖν δρᾶν τι δὴ δοκοῖ πλέον... ; 1339 : ἐπεὶ δὲ δαρὸν ἦμεν ἥμενοι χρόνον.

le moment où reviendra Hermione, et sur l'idée d'éviter que quelqu'un n'entre trop tôt dans la demeure[1]. Autant dire que ces deux plans reposent sur le temps[2].

| Mais, d'autre part, les intrigues d'Euripide sont devenues **26** si complexes, si riches en surprises et en retournements, que la crise tragique tend à se défaire en une série d'incidents divers qui se succèdent sans nécessité. Qu'il s'agisse de pièces impliquant des ruses et des surprises (comme l'*Hélène*) ou des pièces constituées de tableaux (comme les *Troyennes*), les dernières pièces d'Euripide ont, le plus souvent[3], perdu la tension intérieure qu'il avait donnée aux premières.

La comparaison instituée ici entre les trois grands tragiques semble donc aboutir à un double résultat. Tout d'abord elle a permis de déceler une évolution d'un auteur à l'autre – ce qui ne peut que nous encourager à examiner dans des chapitres distincts la pensée de chacun en ce qui concerne le temps. Mais, par-delà cette évolution, il semble bien que l'on découvre un rapport assez étroit entre le genre tragique et le temps. L'évolution fait une courbe trop régulière pour qu'il puisse en être autrement. Et, quand Euripide cesse de construire ses pièces en les centrant sur une attente anxieuse, suivie d'une crise décisive – comme l'avaient fait, chacun à leur manière, Eschyle, puis Sophocle – on a bien le sentiment que l'on touche à la fin du genre tragique. Après Euripide,

---

1. 1211 : τίνος χρόνου; 1215 : τοῦ γὰρ χρόνου τὸ μῆκος συντρέχει. *Cf.* aussi 1219.

2. Même lorsqu'il s'agit de petits détails, le temps fournit des justifications aux mouvements des uns et des autres (par exemple, dans les *Suppliantes*, Thésée arrive parce que sa mère est absente depuis un temps qu'il juge long (*cf.* 91).

3. En cela comme en presque tout, les *Bacchantes* sont une exception.

et une fois l'évolution arrivée à son terme, la tragédie cesse d'exister. Elle meurt dès qu'elle n'obéit plus à ce rythme intérieur qu'elle donnait à son action et qui est le rythme du temps.

*

Et pourtant, bien que le temps soit un facteur à ce point essentiel dans la structure de la tragédie, il est manifeste qu'il ne la commande pas intégralement, et que l'invention du genre tragique, tel que les Grecs l'ont pratiqué, pourrait bien impliquer de leur part une vue du temps quelque peu différente de notre attitude moderne.

On admet en général que les anciens Grecs s'attachaient plus à ce qui reste qu'à ce qui change, à la permanence qu'à l'évolution. On leur a même prêté volontiers des doctrines comme celle du temps cyclique et de l'éternel retour. En cela, on a fort exagéré. Mais il est vrai qu'ils aimaient l'idée d'un « cosmos », | d'un univers en ordre, dans lequel le temps présiderait à des alternances régulières plutôt qu'à un progrès ouvert ou à de perpétuelles transformations. Le temps, pour eux, constituait plutôt une menace : ce n'était pas une évolution où l'on souhaitait de s'insérer[1]. Or, ce trait de leur pensée s'accorde fort bien avec certains des caractères les plus particuliers de la tragédie grecque.

Il s'accorde, naturellement, avec la brève durée de la crise considérée. Non seulement on n'imagine pas, dans la tragédie grecque, de ces sujets où passe toute une vie et où se mesurent

---

1. La mémoire elle-même semble avoir, chez les Grecs, tendu à une connaissance d'ordre intemporel : *cf.* l'étude de J.-P. Vernant, dans *Mythe et pensée chez les Grecs, études de psychologie historique*, Paris, 1965, p. 51-78.

les effets du temps – comme dans ces pièces si appréciées de nos jours, où les héros, jeunes au début ne sont plus, à la fin, que des vieillards tout décrépits. Mais, qui plus est, on n'imagine même pas, dans la tragédie grecque, de ces évolutions psychologiques qu'un monde plus habitué au temps sait parfois précipiter entre une scène et une autre. Les revirements sont rares, dans le théâtre grec. Le plus connu est celui d'Iphigénie, dans l'*Iphigénie à Aulis* d'Euripide, une des dernières pièces du théâtre grec conservé. Et l'on sait qu'il choquait Aristote. Apparemment, Aristote n'était pas prêt pour la psychologie instable des modernes, ni pour des répliques comme le « Qui te l'a dit ? » de l'Hermione racinienne, qui renie si brutalement le meurtre qu'elle vient d'ordonner.

Mais, surtout, il y a dans la structure même de la tragédie quelque chose qui, dans une certaine mesure est un refus du temps, et qui, en tout cas, vient apparemment contrarier tout ce qui a été dit plus haut sur la continuité qu'exige la tragédie : cette continuité, en effet, s'interrompt, d'épisode en épisode, et la tension qu'implique la crise tragique se relâche, elle aussi, à intervalles réguliers, pour laisser place aux chants du chœur.

Ces coupures sont, en elles-mêmes, quelque chose de remarquable. Elles signifient qu'il y a rémission et alternance. Épisodes et parties chantées se succèdent et se répondent, comme les métopes et les triglyphes dans une frise dorique. L'ensemble acquiert ainsi une sorte d'harmonie intérieure, comportant des pauses régulières, et suggérant un arrangement aussi ordonné que celui qui préside à l'enchaînement des jours et des nuits, de l'été et de l'hiver. À cet égard, on peut dire que cette structure, qui est propre à la tragédie grecque, n'est pas | sans s'accorder avec une vision du temps pour laquelle les **28** difficultés humaines ne parviennent pas à rompre l'éternelle harmonie du monde.

Qui plus est, si l'on considère d'un peu plus près le contenu de ces chants du chœur, on s'aperçoit bien vite qu'il ouvre, en matière de temps, une perspective au moins aussi révélatrice. Car les thèmes traités représentent le plus souvent comme une négation du temps.

Ils peuvent remplir cette fonction de diverses manières : on en citera ici deux, qui sont particulièrement instructives.

Tout d'abord, ces chants du chœur peuvent lier entre eux le passé et le présent, de manière à couvrir l'ensemble d'une histoire, avec tout son sens. C'est le rôle qu'ils ont dans le théâtre d'Eschyle, où tant de chants du chœur se tournent vers le passé, pour chercher en lui les germes du présent et ce qui, déjà, l'annonçait. Un tel souci est d'ailleurs fort naturel dans son principe ; il n'a rien qui ne soit moderne. Mais quelque chose n'est pas moderne ; c'est que les actes du passé et les héros qui ne sont plus ne jouent pas seulement un rôle dans la mesure où ils expliquent des rancunes ou des obligations qui viennent peser sur le présent : dans le théâtre d'Eschyle, ces actes du passé et ces héros morts restent vivants et agissants ; et l'on peut discerner leur rôle au sein même du présent. En d'autres termes, le passé n'est pas entièrement passé.

Rien d'étonnant à ce que, dans un tel théâtre, les morts puissent reparaître et intervenir : la figure de Darius sortant de son tombeau domine la tragédie des *Perses* ; le centre des *Choéphores* est un appel à l'aide adressé au roi, devant la tombe où il repose[1], et le début des *Euménides* montre les Furies elles-mêmes poursuivies par l'ombre de Clytemnestre. Rien ne meurt jamais, chez Eschyle. En tout cas, le crime ne

1. 306-510 ; il faudrait y joindre les premières invocations d'Oreste (au début de la pièce) et d'*Electre* (130 *sq.*).

meurt pas : « Mais que les gouttes en soient une fois bues par la terre nourricière, et le sang vengeur se fige : il ne s'écoulera plus ! » [1]. La vengeance est, en un sens, l'œuvre de la victime qui fut assassinée : c'est ce qui explique le double sens que prend la phrase de Clytemnestre, quand elle comprend qu'elle va mourir : « Je dis que les morts frappent le vivant » (*Choéphores*, 886). De fait, le théâtre d'Eschyle est peuplé d'êtres surhumains, | de puissances mystérieuses, incarnant **29** cette exigence que les fautes passées font peser sur le présent. Se pencher sur le passé est donc une façon de se pencher sur le présent ; et le temps ne compte plus, dès lors que les puissances appelées par le crime sont une fois entrées en action.

Pour des raisons similaires, le passé peut aussi préfigurer le présent, et se confondre avec lui en une sorte d'identité. Ainsi, dans les *Suppliantes*, les jeunes Danaïdes ne cessent de revenir au sort passé d'Io, qui fut leur lointaine aïeule. En un sens, ces évocations sont un argument au service de leur angoisse, car elles rappellent par là leur lien avec Argos, dont elles attendent le secours. Mais il convient de remarquer que, pour elles, les deux histoires ne sont pas distinctes : il y a entre elles une relation profonde, et l'une ne fait que répéter l'autre. Les Danaïdes sont comme une nouvelle incarnation d'Io, revivant dans ses descendantes ; et elles espèrent être sauvées comme Io le fut avant elles : « Zeus ! c'est Io, hélas ! que poursuit en nous un courroux divin : je reconnais une jalousie d'épouse, qui triomphe du Ciel tout entier » (161 *sq.*, répété après 175). Aussi se tournent-elles vers Zeus : « Renouvelle la légende de ta bonté » (534). Ainsi se justifient les longs passages de retour

---

1. *Cho.*, 66-67 ; l'ensemble de ce chant du chœur exprime des idées similaires.

en arrière sur la légende d'Io. Dans les cas de ce genre, l'évocation du passé est évocation de quelque chose dont la réalité se continue et dont les pouvoirs ne sont pas éteints. Aussi bien remarquera-t-on que les chœurs qui évoquent ainsi le passé l'évoquent en général avec des verbes au présent : présent historique, présent de narration – mais présent, aussi, de la chose toujours actuelle et vivante, dans laquelle le temps s'abolit. Il n'est pas douteux que cette vie prêtée au passé soit un des caractères qui contribuent à donner à la poésie d'Eschyle sa puissance d'évocation, qui agit comme un choc. Chez lui, le temps se trouve aboli sous la pression obscure des terreurs archaïques.

Ce tour de pensée lui est propre. Et, bien que des thèmes analogues puissent se rencontrer chez Sophocle ou Euripide, ils n'y prennent jamais ni tant de force ni tant d'ampleur. Inversement, ces deux auteurs, et plus spécialement Sophocle, nous ont laissé de bons exemples d'une autre façon d'échapper au temps. C'est une façon plus naturelle. Elle consiste à considérer les choses sous l'aspect de la généralité et de la permanence.

Dans cet esprit, on peut encore évoquer le passé, mais parce qu'il présente des traits communs avec le présent. C'est ce que l'on trouve, entre autres, dans les *Trachiniennes* et dans *Antigone*.

30 | Dans les *Trachiniennes*, lorsque l'on vient de découvrir la redoutable passion d'Héraclès pour Iole, le chœur se met à chanter le combat ancien des deux prétendants de Déjanire, l'épouse d'Héraclès. Ce combat concerne l'héroïne ; mais il n'explique rien, ne présage rien. Ce qu'il illustre, c'est – avec un exemple *ad hominem* – les terribles effets de l'amour ; et il donne ainsi à ce que l'on a vu de la passion d'Héraclès une portée nouvelle et plus générale. Aussi bien le chœur déclaret-il d'emblée : « Terrible est la puissance qui toujours à Cypris assure la victoire » (497). Entre les deux désirs, passé et présent, il y a analogie. Le passé est donc évoqué pour nous inviter à méditer sur une situation donnée, pour l'immobiliser, la dépersonnaliser, la soustraire au domaine du particulier. Et, grâce au chant du chœur, on échappe à l'emprise du temps pour retrouver dans le présent son aspect profond et universel.

Le cas n'est pas différent dans *Antigone*, au moment où la jeune fille s'en va avec ses gardes, pour toujours. Au lieu de pleurer ou de s'interroger, le chœur se tourne vers des exemples parallèles : « Danaé aussi a subi telle épreuve... Et pourtant elle était aussi, ma fille, d'un lignage qu'on révère. Mais c'est un terrible pouvoir que le pouvoir du Destin » (944 *sq.*). Suit une évocation des malheurs du trop impulsif Lycurgue, de ceux des fils de Phinée et de ceux de leur mère : « Elle était une enfant des dieux. Elle n'en a pas moins subi l'assaut des Parques aux longs jours, elle aussi, ma fille ! ». Que le chœur ait tort ou raison, quand il compare ces événements avec le destin d'Antigone, n'importe, à vrai dire, pas beaucoup. Ce qui compte est la façon dont, au moment le plus pathétique, l'action s'immobilise, pour que le chant renvoie au spectateur, comme en une série de miroirs, l'image fidèle de malheurs semblables, que leur ressemblance même semble soustraire au temps[1].

Cette référence à des situations similaires n'est d'ailleurs qu'un premier pas sur la voie qui mène à l'abolition du temps ;

---

[1]. Il arrive que les personnages s'abandonnent eux aussi à des pensées de ce genre : ainsi Antigone se comparant à Niobè (*Ant.*, 823) ; la comparaison peut du reste servir à mieux faire ressortir le présent, par exemple dans *Philoctète*, quand les maux du héros sont comparés à ceux d'Ixion.

et elle est surtout intéressante dans la mesure où elle permet une comparaison plus étroite avec Eschyle. Mais le cas le plus fréquent, chez Sophocle, et de beaucoup, est celui du passage direct à l'idée générale. Presque toutes ces pièces en fournissent des exemples. Ainsi, dans *Antigone*, la découverte de

31 l'ensevelissement | est suivie du fameux chœur sur la grandeur de l'homme et sur ses erreurs; et la scène avec Hémon aboutit au chant sur l'amour. Dans *Œdipe à Colone*, la promesse de Thésée, acceptant d'accueillir Œdipe en territoire athénien, est suivie du chœur célébrant Athènes, et l'obligation faite à Œdipe de recevoir son fils amène le chant du chœur sur les malheurs de la vieillesse. Choisissant telle ou telle donnée dans la scène précédente, obéissant à telle ou telle intention, Sophocle arrive toujours à fixer l'action en un de ses aspects, à l'évoquer dans sa généralité, et à en prolonger l'image par une sorte de projection poétique et intemporelle.

On pourrait se plaire à rechercher des traits semblables chez Euripide [1], ou à montrer comment, chez lui, c'est souvent le désir d'évasion des personnages eux-mêmes qui amène ces interruptions. Ainsi, l'espèce de pause amenée par le chant du chœur trouve une explication toute naturelle dans un motif psychologique. De là tant d'échappées soudaines vers ailleurs:

---

1. Voir par exemple le chant sur l'amour dans *Hippolyte*, 525 *sq.*, ou celui sur les héros qui moururent au retour de Troie, dans *Andromaque*, 1009 *sq.*, ou encore le chant sur l'amour raisonnable dans *Médée*, 627 *sq.* Au contraire, les chants de type eschyléen sont rares chez Euripide; quand il mentionne des événements passés pesant sur le présent, le rapport est logique et naturel: le passé rend compte des faits, mais non des responsabilités ou des enchaînements supérieurs entre fautes et châtiments. Ainsi pour le jugement de Pâris expliquant, chez Euripide, les souffrances de la guerre qui en a résulté (*Andr.*, 274 *sq.*, *Hécube*, 629 *sq.*).

vers le passé[1] ou vers un rêve, vers les routes parcourues ou à parcourir de pays situés très loin. Dans tous les cas de ce genre, on retrouve le refus du temps. Mais ce refus ne débouche plus sur une réflexion générale. On fuit vers autre chose, au lieu de reconnaître dans l'événement une portée qui le dépasse.

À tous égards, par conséquent, ce qui était le plus caractéristique de la tragédie grecque – à savoir cette alliance entre une tension continue et des haltes vouées à la méditation – tend peu à peu à se défaire.

Du moins y a-t-il là comme une sorte de contre-épreuve ; et l'on peut dire que, tant que la tragédie grecque demeura un genre vivant, les chants du chœur gardèrent cette fonction, d'être des haltes vouées à la méditation. Or, en un sens, cet aspect intemporel correspond bien à quelque chose dans l'esprit même du genre et dans les thèmes des tragédies. Car il faut bien le reconnaître : le mythe n'appartient à aucun temps bien défini, | et peut, à bien des égards, être tenu pour intem- **32** porel[2]. C'est une histoire toujours répétée, par des auteurs divers, à des moments divers ; elle revient indéfiniment, tout comme la fête sacrée dans laquelle s'insérait la représentation tragique. Et, encore que les faits représentés soient supposés être réels (comme dans un drame historique), leur nature mythique suggère des idées de répétition et de permanence.

---

1. Ainsi pour les victimes de la chute de Troie, dans *Hécube* ou dans les *Troyennes*.

2. *Cf.* J. Pépin, « Le temps et le mythe », *Les Études philosophiques* XVII (1962), p. 55-68. L'auteur cite M. Eliade, selon qui le mythe serait la négation du temps. Cette idée, cependant, aurait besoin d'être nuancée : les mythes grecs – du moins ceux dont traitait la tragédie – portaient sur des ancêtres lointains, mais tenus pour historiques ; et les dieux n'y étaient mêlés, le plus souvent, que dans la mesure même où ils pouvaient l'être à toute aventure humaine.

La tragédie grecque se définit donc, au total, par le fait qu'elle combine, en une harmonie aussi fragile que précieuse, deux tendances opposées en ce qui concerne le temps. Ces deux tendances opposées correspondent à la situation privilégiée que nous définissions au début : la tragédie paraît quand la conscience du temps s'épanouit chez les Grecs et qu'ils s'ouvrent à ses problèmes ; mais c'est une conscience récente, se développant chez un peuple pour qui le temps ne fut jamais ce mouvement irréversible et perpétuel, dans lequel les auteurs modernes déclarent se sentir pris [1].

*

D'après ce que l'on a vu, la tragédie grecque décrit une crise aiguë, de nature temporelle, s'insérant dans un monde qui, par bien des traits, demeure pourtant intemporel. Nous autres modernes, nous avons conservé cette notion de crise, et notre théâtre continue souvent à en vivre ; mais l'élément intemporel devait peu à peu s'effacer, au fur et à mesure que la tragédie s'éloignait de ses origines. On a pu constater qu'une telle évolution avait commencé dès le Ve siècle avant J.-C., puisque la fonction du chœur déclinait déjà dans certaines pièces d'Euripide. Son rôle dans le théâtre romain ne fut plus qu'artificiel et bientôt devait disparaître. Puis le mythe lui-même sembla céder la place au drame historique (comme le théâtre

33 tragique du | XVIIe siècle français en fournit tant d'exemples) ;

---

1. Quand on lit les développements sur les conquêtes de la civilisation humaine, et en particulier ceux que l'on trouve dans les tragédies (*Prométhée*, 436 *sq.*, *Antigone*, 332 *sq.*, et les *Suppliantes* d'Euripide, 195 *sq.*), on constate aisément que l'exposé n'en est pas chronologique, ni surtout ouvert sur l'avenir.

et il ne tarda pas à tomber, lui aussi, dans l'abandon, au moins pour un temps, avec l'influence romantique.

Tout cela suggère que la tragédie grecque occupe, dans l'histoire littéraire, une place à part, qui correspond rigoureusement à la place qu'elle occupe dans l'histoire de l'idée de temps. Cette conclusion sera confirmée par ce que l'on verra dans le prochain chapitre, où il apparaîtra que les mots et les images employés par les tragiques grecs à propos du temps, donnent de ce dernier une idée qui est forte et frappante, mais qui n'est pas tout à fait la nôtre.

En ce domaine comme en beaucoup d'autres, la littérature grecque nous touche, parce que l'on y voit les auteurs inventer et les formes et les idées dont nous vivons encore aujourd'hui, mais que l'on peut aussi mesurer la différence, et ainsi comprendre un peu mieux comment nos propres pensées et nos propres façons de sentir ont été, peu à peu, formées et élaborées.

LE TEMPS PERSONNIFIÉ

Dans les réflexions sur le temps que contient la tragédie grecque, beaucoup le présentent comme personnifié. Et la nature des traits ou de l'action qui lui sont alors prêtés pourra permettre, naturellement, de qualifier l'orientation propre de chacun des trois auteurs. Mais, dans la manière même de présenter ce temps personnifié, il y a aussi des traits communs, qui peuvent aider à préciser la façon dont les Grecs d'alors se représentaient le temps. En effet, il est aisé de constater que le temps n'est jamais pour eux une véritable personne mythologique, avec son statut fixé par une tradition religieuse ou populaire : les tours poétiques qui lui prêtent vie expriment plutôt, tant bien que mal, un sentiment plus ou moins net des caractères du temps, qui peut-être se traduisait alors plus facilement sous cette forme que sous celle d'une abstraction. On se trouve donc en face d'un grand nombre d'images, que les poètes emploient plus largement que d'autres, mais qui n'ont nul besoin d'être riches ou originales. Car le sentiment est tout aussi intéressant, qu'il s'agisse d'expressions banales et proverbiales, ou d'évocations plus poussées et d'un tour plus personnel : ces images plus ou moins remarquables contribuent toutes à révéler ce que les anciens Grecs, en cette époque de découvertes, sentaient et découvraient à propos du temps.

*

Pour les anciens Grecs, le temps n'était pas une divinité. Il ne devait être divinisé que très tard et sous une forme assez particulière : on connaît, à l'époque hellénistique, une divinité *Aiôn*, mais qui représente le temps éternel, sacré, immuable. Ce n'est pas le temps ordinaire, *Chronos*[1].

Chronos, lui, n'a jamais été une divinité. Et d'ailleurs les premiers auteurs grecs ne l'ont jamais présenté sous une forme **36** | personnelle : le fait que, chez Homère, le mot ne soit jamais le sujet d'une proposition marque assez qu'il n'y désigne pas une personne agissante. Et – il importe de le rappeler avec force – dans la pensée grecque originelle comme dans la pensée grecque normale, il n'y a aucun rapport entre Cronos, l'ancienne divinité, le fils d'Ouranos, le père de Zeus, et, d'autre part, Chronos, le temps.

Quand la confusion entre les deux a-t-elle commencé à se faire ? On nous dit que ce fut avec les orphiques – mais, comme le renseignement vient de Proclus[2], c'est-à-dire du Ve siècle après J.-C., il est difficile de savoir dans quelle mesure il vaut pour une époque ancienne. Quant aux autres attestations que l'on a de cette identification, elles sont toutes trop tardives pour nous intéresser[3]. On peut donc seulement tirer de là la conclusion qu'à partir d'une certaine date, un courant de

---

1. *Cf.* E. Degani, Αἰών *da Omero ad Aristotele*, Padoue, 1961, p. 88 *sq.*

2. *In Platonis Cratylum commentaria*, G. Pasquali (ed.), Leipzig, 1908, 396b = fr. 68 Kern.

3. *Cf.* [Aristote], *De mundo*, 401a15 ; Plutarque, *De Iside*, 363d *sq.*

doctrines orphiques, plus ou moins ésotériques, a voulu faire du temps un principe premier, et, à la faveur d'une assimilation verbale, a érigé le temps en divinité. De même, le temps a sans aucun doute joué un rôle dans certaines cosmogonies orphiques[1]. Mais quand? Là encore, il est difficile de remonter à une date précise.

À vrai dire, il y a bien un texte ancien, qui fait de Chronos un principe premier et une divinité créatrice : c'est un texte de Phérécyde, c'est-à-dire du milieu du VIe siècle avant J.-C.[2]; il dit : «Zeus (*Zâs*) et Chronos existaient de tout temps, ainsi que la Terre (*Chthoniè*)», et, comme on lit dans une des sources : «Chronos créa tout à partir de sa propre semence : le feu, le souffle et l'eau»[3]. Voilà un texte vraiment ancien, d'inspiration orphique, où le Temps joue un grand rôle. Mais, attention! Si certains auteurs nous ont transmis ce fragment en lisant «Chronos», ou le Temps[4], d'autres lisent «Cronos», l'ancienne divinité[5]; et un critique aussi éminent que H. Fraenkel n'a pas hésité à penser qu'à l'époque de Phérécyde, seul ce texte était | possible[6] : la confusion entre **37** les deux aurait été introduite après coup. Nous ne pouvons entrer ici dans cette discussion, pas plus que dans celle des

1. D'après le néo-platonisme, Chronos aurait produit un œuf d'argent, d'où sortent Phanès et Éros; mais Chronos n'intervient pas dans la théogonie orphique des *Oiseaux* d'Aristophane.

2. *Cf.*, d'autre part, Kern, fr. 54, 60, 64, 65.

3. Damascius, *De principiis*, C.A. Ruelle (éd.), Paris, 1889, 124b.

4. Diogène Laërce, I, 119; Damascius, *de princ.*, 124b.

5. Hermias, *Irrisio gentilium philosophorum* (Diels, *Doxographi*, 654), 12; Probus, *Ad Vergilii Bucolica* (Keil, 1848), VI, 31.

6. *Wege und Formen frühgriechischen Denkens*, München, 1955, p. 19 *sq.* Beaucoup accordent en tout cas que Chronos, dans la mesure où il interviendrait ici, ne saurait être exactement le temps sous sa forme abstraite.

rapports entre ce temps divinisé des orphiques et le temps-dieu que les Iraniens ont connu sous le nom de Zervan. Mais une conclusion semble se dégager pour nous : car, même si le texte de Phérécyde portait bien Chronos, avec l'aspirée en grec (comme personnellement je le crois), l'auteur semble bien ne l'y avoir introduit que par une sorte de jeu savant sur les mots, et pour tenter de faire passer des idées neuves à l'aide d'étymologies inventées. Phérécyde, après tout, ne représente pas un témoignage sur les origines. Et, comme le dit Werner Jaeger dans son livre sur la théologie des premiers philosophes grecs, le ton même du texte évoque moins un dogme reconnu que l'invention brillante d'un penseur original[1]. Tout se passe, en somme, comme si des philosophes, à l'époque où l'idée du temps prit de l'importance, avaient voulu à toute force insérer ce temps dans un système mythologique et cosmogonique, qui l'excluait à l'origine : leur pensée témoignerait donc d'un effort bien délimité, non d'une tradition générale.

Au reste, en ce VIe siècle, la réflexion sur le temps fuse de partout ; et l'on trouve, ici ou là, chez des poètes et des philosophes, des essais de personnification. Thalès parle de la « sagesse » du temps, qui « découvre » tout[2] : Solon compte sur lui pour « révéler » la vérité (9, 1 et 2 : *deixei*)[3] ; Théognis déclare qu'il fait la lumière (967 : *ekphainei*). Bientôt, enfin, Héraclite profère sa mystérieuse déclaration : « Le Temps (*Aiôn*) est un enfant jouant aux dés. Royauté d'un enfant »

---

1. *À la naissance de la théologie*, Paris, 1966, p. 76 (p. 68-69 du texte anglais, *Theology of the early Greek philosophers*).

2. A 1 = Diogène Laërce I, 35 : σοφώτατον χρόνος · ἀνευρίσκει γὰρ πάντα.

3. Voir aussi la formule audacieuse (et d'ailleurs contestée) de 24, 3 (Diehl) : ἐν δίκῃ χρόνου.

(fr. 52). L'orphisme n'est donc pas seul à se soucier du temps, à en parler, à le personnifier.

Il faut donc être fort prudent avant de parler d'orphisme à propos de tous les passages dans lesquels le temps semble revêtu d'une particulière dignité.

Cette hypothèse un peu audacieuse a été faite pour certains passages de Pindare[1]. Et il en a été de même pour des textes | tragiques[2] – en particulier pour les divers textes d'Euripide **38** qui se plaisent à attribuer au temps une sorte de généalogie[3]. Le temps, dit un fragment du *Bellérophon*, « n'a pas été engendré » (303 : il n'est « né de personne »). En revanche, il a une descendance : il est père de la justice, selon un fragment d'*Antiope* (222 : « On dit que Justice est fille du temps ») ; il est le père des jours, selon les *Suppliantes*[4] ; et il est le père d'*Aiôn*, c'est-à-dire d'une durée vécue, donnée en partage à un homme, selon les *Héraclides*[5]. On pourrait ajouter que, chez

1. Degani, *op. cit.*, p. 121, rappelle les éloges donnés par Pindare à Orphée. Mais on remarquera que Pindare n'est pas, à cet égard, un cas isolé. À la même époque, Bacchylide parle, comme pourrait le faire Pindare, de : πανδαμάτωρ χρόνος (13, 204).

2. Pour ce qui est de Sophocle, voir la discussion dans J.C. Opstelten, *Sophocles and Greek pessimism*, Amsterdam, 1952, p. 9 *sq.*, en particulier p. 17.

3. Déjà dans Pindare, Chronos est qualifié de « père » : il est même « père de toutes choses » dans la deuxième *Olympique*, 17 (χρόνος ὁ πάντων πατήρ). Mais la généralité même du texte montre qu'il ne s'agit pas là d'une généalogie : le passage vise les pouvoirs souverains attribués au temps : cf. *infra*, p. 70.

4. 787 : littéralement, « l'antique père des jours ».

5. 900 : Μοῖρα … Αἰών τε χρόνου παῖς. Sur le sens de Αἰών dans ce passage, on se reportera à Degani, *op. cit.*, p. 65. Il faut également noter, détail amusant, que, ici, on a songé à rétablir dans le texte Κρόνου au lieu de χρόνου : l'identification tardive entre Chronos et Cronos joue ici en sens inverse de ce que l'on avait vu précédemment.

Sophocle, dans *Œdipe à Colone*, 618, il « donne naissance aux
nuits et aux jours ». À propos de presque tous ces passages, de
ton cosmogonique, on a parlé d'influences orphiques[1]. Il est
douteux qu'on ait eu raison. Mais, même si tel était le cas, ces
influences ne seraient à coup sûr ni très directes ni très pro-
fondes. En fait, mise à part l'allure tout extérieure, qui donne à
la personnification un air de cosmogonie, il est aisé de voir que
ces diverses généalogies s'expliquent très aisément en termes
d'expérience commune. On peut même, sous le revêtement
cosmogonique, suivre l'évolution des notions et le progrès
de la conscience du temps. Si Hésiode, par exemple, fait
descendre le Jour de la Nuit (*Théogonie*, 124 *sq.*), Bacchylide
fait descendre un certain jour de la Nuit et de Chronos (7, 1) et
Euripide fait descendre les jours de Chronos seul : le cadre est
donc toujours le même ; mais le progrès de l'idée de temps est
net ; et le parallélisme des formules le met d'autant mieux en
valeur. De même, si Euripide donne *Aiôn* comme l'enfant de
Chronos, Proclus, onze siècles après, fera de Chronos l'enfant
39   d'*Aiôn*[2] : | c'est que, dans l'intervalle, la valeur du mot *aiôn* a
changé : au lieu de désigner une durée vécue, il est devenu,
chez les philosophes, un des noms de l'éternité[3]. Toutes ces
généalogies occasionnelles ne sont que le reflet de concepts,
l'expression approchée d'idées qui pourraient se traduire en
termes abstraits. Et, finalement, c'est bien ce que l'on constate,
à regarder les généalogies d'Euripide. Le temps a toujours
existé, en ce sens que c'est un temps abstrait, continu :
Euripide le dit en écrivant qu'il n'est « né de personne ». Le

1. Ces suggestions sont poussées à l'extrême (et à l'excès) dans
R.E. Eisler, *Weltmantel und Himmelszelt*, Münich, 1910.

2. *In Platonis Rempublicam*, 17, 10 Kroll.

3. *Cf.* Degani, *op. cit.*, p. 77 *sq.*

temps est si général que toutes les durées particulières relèvent de lui : Euripide le dit en écrivant qu'il en est « le père » – père des jours, père de notre temps à vivre. Nous avons ici affaire à des personnifications qui ne relèvent d'aucun fonds ancien ni religieux, mais qui correspondent à un effort pour rendre en un langage traditionnel une notion alors récemment découverte en tant que catégorie. Au reste, on les trouve chez le plus moderne des trois tragiques, et le plus intellectuel : ce sont des réflexions d'homme éclairé, traduites en langage figuré.

Ce qui vaut pour ces brèves formules généalogiques pourrait bien être vrai aussi du seul passage tragique où le temps figure dans une évocation à la fois cosmique et descriptive : c'est un fragment assez étrange, attribué au *Pirithoüs* d'Euripide ou bien de Critias.

Le temps y est, comme dans le passage de *Bellérophon*, indiqué comme n'ayant pas été engendré, et même, plus nettement encore, comme « s'engendrant lui-même » [1] : comment mieux évoquer la continuité du temps, et la façon dont il se renouvelle indépendamment des événements qui le scandent, cela sans faire appel à des moyens abstraits, que le langage de l'analyse conceptuelle n'avait pas encore élaborés ? Mais en même temps, dans le texte en question, cette continuité vivante se précise par la métaphore du flot : pour mieux suggérer l'idée de quelque chose de permanent, s'unissant à un perpétuel changement, l'auteur compare le temps à un « flot au cours perpétuel ». En un sens, on rejoint là le « temps qui ne vieillit pas » des orphiques [2]. Mais on peut dire aussi que les mots

1. Τίκτων αὐτὸς ἑαυτόν, ou, dans le fragment suivant : αὐτοφυᾶ.

2. J.-P. Vernant, *Mythe et pensée chez les Grecs*, p. 69-70, écrit : « Ce qui est sacralisé, c'est le temps qui ne vieillit pas, le temps immortel et impérissable chanté dans les poèmes orphiques sous le nom de *Chronos agéraos*. Semblable

40 expriment | le caractère le plus évident du temps, pour qui-
conque commence à le penser en lui-même, comme une idée
abstraite, coïncidant avec les changements qui se succèdent, et
demeurant pourtant différent d'eux et intangible.

Et le texte va plus loin. Ce flot perpétuel, qu'il prête au
temps, peut aisément, comme le fleuve Océan dans les
croyances anciennes, devenir l'élément qui enveloppe l'univers. Après tout, quand le temps devient une notion abstraite,
quand on voit qu'il n'a ni début ni fin, et que tout se situe en lui,
comment trouver une image qui le dise mieux? On arrive, de
proche en proche, à une véritable description; car le texte dit :
« Le temps infatigable circule à plein en un cours éternel, en
s'engendrant lui-même, tandis que les deux Ourses, portées
par l'élan rapide de leurs ailes, veillent sur le pôle d'Atlas »[1].
L'évocation finale est d'ordre astronomique. Et, d'ailleurs, le
fragment suivant, qui semble aussi relatif au temps, évoque
« la ronde que mènent, le long de son orbe, le jour et la nuit,
ainsi que les astres ». Les astres et les signes du zodiaque
apparaissent dans le texte comme dans les anciennes cosmogonies[2]; et la notion d'un pôle de l'univers, enveloppant

à une autre figure mythique, le fleuve *Okéanos*, qui enserre tout l'univers de son
cours infatigable, *Chronos* a l'aspect d'un serpent fermé en cercle sur lui-
même, d'un cycle qui, entourant et liant le monde, fait du cosmos, en dépit des
apparences de multiplicités et de changement une sphère unique éternelle ».
Cf. aussi B. Onians, *The Origins of European Thought about the Body, the
Mind, the Soul, Time and Fate*, p. 250 *sq.* Ces rapprochements nous paraissent
un peu forcés dans le détail et incertains dans la chronologie : voir de même
J. Defradas, *R.E.G.*, 1964, p. XVI.

1. Fr. 594 N d'Euripide, 18 (Diels) de Critias.

2. *Cf.* Clément d'Alexandrie, V, 667. Ce mouvement cyclique n'implique
d'ailleurs pas un temps à proprement parler cyclique : il amène le retour des
signes astraux sans pour autant impliquer la répétition des événements.

l'ensemble, ressemble fort à la parodie orphique que l'on trouve dans les *Oiseaux* d'Aristophane[1]. Pourtant, l'impression générale que laisse le texte est celle d'un ensemble finement élaboré, où se mêlent des notions abstraites et une cosmologie pratique, et qui, en tout état de cause, traduit un sens très vif de ce que l'idée de temps pouvait avoir de particulier. Le texte a sans nul doute un petit air orphique ; mais celui-ci pourrait bien être affaire de ton plutôt que de doctrine.

Cette interprétation intellectualiste du texte trouve d'ailleurs une confirmation dans les attributions proposées. Ces vers sont en effet attribués au *Pirithoüs* d'Euripide par le scholiaste d'Aristophane ; | mais bien des raisons plaident 41 en faveur de l'attribution à Critias, que Wilamowitz a été le premier à soutenir[2]. Or, Critias, le poète philosophe, qui devait être, à la fin du Ve siècle, un des trente tyrans, était un homme bien informé des doctrines philosophiques et des théories des savants ioniens. Le texte qui nous a été transmis ne semble-t-il pas (quelles que soient les influences ayant joué sur sa rédaction) l'élaboration hardie d'un esprit bien moderne, utilisant les notions en cours pour suggérer une pensée nouvelle ? Le temps, pensé sous une forme de plus en plus analysée, de plus en plus détachée des événements particuliers, est tout naturellement mis en relation avec les mouvements de l'univers, qu'il régit et qu'il englobe, sans pourtant se confondre ni avec eux ni avec aucun être connu. Il est par-delà et autour. La vision est

1. *Cf.* scholie aux *Oiseaux*, 179 : πόλον … τὸ περιέχον ἅπαν. L'emploi du mot πόλος en ce sens dans les *Oiseaux* pourrait suggérer une influence orphique ; mais la scholie dit que c'était l'usage « des anciens ».

2. *Analecta Euripidea* (Berlin, 1875), p. 161. De nombreux témoignages indiquent que l'attribution du *Pirithoüs* à Euripide était déjà fort contestée dans l'antiquité, et qu'on l'attribuait aussi à Critias.

celle d'un philosophe, la pensée est toute nourrie de notions encore nouvelles.

Si bien que se confirme ici une idée assez remarquable; bien loin que la personnification du temps, dans la tragédie grecque, doive rien à un fonds ancien d'ordre mythique ou religieux, il s'avère que les choses se passent à l'inverse. Le temps n'existait pas dans la tradition grecque. Les poètes orphiques ont peut-être été les premiers à lui faire sa place. Mais, dans les œuvres littéraires qui nous ont été conservées, on voit que chacun, au fur et à mesure que l'importance du temps se découvre et s'accroît, est amené à lui prêter des traits de plus en plus personnels et vivants. La montée vers une pensée abstraite entraîne un foisonnement de formulations concrètes. Et les personnifications du temps chez les poètes ne sont pas une croyance qui survit, mais une idée qui s'affirme, qui prend corps, et pour laquelle on invente, chemin faisant, un habit mythique de nature purement littéraire.

Ceci sera confirmé quand nous verrons que, d'une façon générale, toutes les personnifications du temps vont en se précisant, d'Eschyle à Sophocle et de Sophocle à Euripide. On pourra s'en rendre compte en étudiant deux grandes catégories de personnifications – les unes relatives au temps dans sa relation avec nous, les autres relatives au temps dans sa relation avec l'événement.

42 | *

La tendance à personnifier est éminemment naturelle.

Même de nos jours, avec des concepts bien définis et employés depuis des siècles, il est courant de dire que «le temps passe», que «le temps approche», que «le temps s'écoule». Ces demi-métaphores se multiplient dans la littérature grecque dès que l'on commence à parler du temps. C'est ainsi que Pindare applique au temps toute une série de participes impliquant le mouvement, comme *herpô* et ses composés[1]. On retrouve l'équivalent dans la tragédie. Un fragment du premier *Hippolyte* d'Euripide emploie ainsi un des rares composés de *herpô* que n'avait pas employé Pindare pour parler du « passage » du temps[2]. Avec plus de force déjà, Sophocle, évoquant la longue solitude de Philoctète, dit que le temps « avançait » lentement (*Philoctète*, 285). D'autres textes diront que le temps « coule » (*Euménides*, 285) ou qu'il « s'accroît » (*Œdipe à Colone*, 930). De façon plus évocatrice, Eschyle dit, à l'occasion, qu'il « s'allonge » : l'expression figure dans les *Perses*, lorsque le chœur évoque l'attente de tous : « parents, épouses, en comptant les jours, frémissent du temps qui s'allonge » (64)[3]. Peut-être, faut-il, aussi, joindre à ces exemples la formule un peu mystérieuse de l'*Electre* de Sophocle qui parle du *prostatôn chronos* : sans doute peut-il s'agir du temps qui se tient devant nous, c'est-à-dire de l'avenir; mais la personnification peut être plus poussée, puisque, selon certains, ce serait « le temps qui se tient devant nous pour nous guider » (Kaibel) ou « le temps qui domine tout ».

1. ἕρπω est employé dans la *Néméenne* IV, 43 et le *Péan* II, 26; voir aussi προσέρπων (*Pythique* I, 57), ἐφέρπων (*Olympique* VI, 97), ἰὼν πρόσω (*Ol.* X, 55).

2. Fr. 441 N : χρόνος διέρπων.

3. Les expressions en grec sont les suivantes : *Phil.* 285 : ὁ μὲν χρόνος διὰ χρόνου προὔβαινέ μοι (où le mot « temps » joue un double rôle, puisque le temps s'avance « en prenant du temps » !); *Eum.*, 835 : οὑπιρρέων … χρόνος; *Œd. Col.*, 930 : ὁ πληθύων χρόνος; *Perses*, 64 : τείνοντα χρόνον. Dans ce dernier passage, l'expression est renforcée par l'emploi d'un mot rare, ἡμερολεγδόν, que l'on ne retrouve pas en grec avant Aristote.

Quoi qu'il en soit, on voit assez comment, à travers ces participes plus ou moins évocateurs, se prépare la personnification : le rythme changeant des événements, les perspectives de notre attente, tout se reporte sur un être imprécis mais vivant, qui est la cause de ces événements ou l'inspirateur de ces sentiments. Et c'est lui qui s'anime pour expliquer la vie du reste.

43 Mais en même temps, ces premières observations nous invitent | à faire la différence entre les deux cas. Quand le temps s'approche, s'écoule, et vient exercer telle ou telle action sur les événements, on a affaire à un cas normal et fréquent : c'est celui qui nous occupera le plus longuement. Mais ce n'est pas le seul. Et l'on conçoit aisément que ce temps de l'attente, qui ne compte que pour un être vivant, qui le fait frémir, qui se tient devant lui et se trouve en rapport étroit avec ses sentiments, puisse aussi se mêler à sa vie à lui. Ce cas, qui est plus rare, est cependant fort révélateur, puisqu'il permet de préciser le degré d'intériorité qu'a acquis, dans les passages considérés, la notion de temps : il nous renseigne, par conséquent, sur un état de conscience et fournit des éléments éclairant l'histoire même de la psychologie. Aussi vaut-il la peine de l'examiner en premier lieu.

Par un fait digne de remarque, ces personnifications du temps, qui le montrent revêtu d'une vie propre, mais mêlé à une durée vécue, l'accompagnant, la reflétant, sont surtout présentes dans le théâtre d'Eschyle.

Le fait est important. Car, si l'on compare avec ce qui précéda, cette forme de personnification peut être considérée comme l'aboutissement d'une évolution : c'est ce qu'ont montré H. Fraenkel et d'autres après lui, quand ils ont déclaré que les forces jusqu'alors placées dans les choses s'étaient désormais rapprochées du sujet et s'étaient insérées dans une expérience vivante[1]. Mais, si l'on compare les mêmes témoignages avec ce que peuvent écrire les auteurs postérieurs, ou encore avec ce qu'admet la conscience moderne, on s'aperçoit bien vite que l'évolution en question n'était alors nullement achevée. Ces forces prêtées au temps se sont bien rapprochées du sujet ; mais elles n'ont fait que s'en rapprocher : elles ne se sont point fondues avec lui, en lui. Le temps n'est plus vraiment au-dehors, mais il n'est pas non plus au-dedans. Il vit à nos côtés ; il garde son existence à lui, empiète sur la nôtre, se substitue à nous – comme si le sujet n'avait point encore acquis tous ses droits.

Et, sans aucun doute, cette qualité mystérieuse ainsi attribuée au temps, contribue à rendre ces images plus fortes et plus saisissantes.

L'exemple le plus fameux est celui d'*Agamemnon*, 894, où Clytemnestre dit qu'elle voyait en rêve plus de maux qu'il n'aurait pu en arriver dans le temps de son sommeil, ou plutôt, pour citer ses termes : « plus nombreux que le temps qui dormait avec moi » (*xuneudontos*). Le temps qui dort avec le dormeur – | qu'est-ce, sinon le temps pendant lequel celui-ci **44** dort ? Cette force vivante, suscitée à nos côtés, assume la durée qui est la nôtre, le rôle qui est le nôtre. Il est « avec » nous, il est nous et pas nous.

Bien sûr, il est aisé de voir tout ce qui facilitait l'emploi d'une telle métaphore. Il y a d'abord un goût pour les images en général ; et l'on pourrait rapprocher de notre passage celui de la neuvième *Pythique* de Pindare (23), où le sommeil est

---

1. *Cf.* H. Fraenkel, *op. cit.*, p. 13 *sq.*, Accame, *op. cit.*, p. 389.

appelé le « doux compagnon de lit » de la vierge Cyrène[1]. Il y a
aussi le fait qu'Eschyle parle d'un rêve et que l'état de rêve
suppose par lui-même une sorte de double vie, en vertu de
laquelle nous sommes à la fois dans notre lit et ailleurs, dans un
temps et dans un autre. Mais l'exemple n'en montre pas moins
avec quel naturel le temps surgit ici à côté du sujet, comme une
sorte d'intermédiaire entre ce qui se passe au-dehors et ce qui
est intérieurement ressenti[2].

Il explique, par suite, comment Sophocle pourra parler du
temps comme « étant avec » tel ou tel personnage. Au début
d'*Œdipe à Colone*, Œdipe déclare : « mes épreuves et les longs
jours que j'ai vécus m'apprennent à ne pas être exigeant »
(7 : littéralement, « le long temps qui est avec moi, *xunôn*).
Jebb, pour tenter de rendre cette personnification, traduit
même : « the years in our long fellowship » ; il est amené à forcer
l'image, parce qu'elle n'est pas naturelle en anglais, mais
l'était en grec, à une époque où le temps vivait de notre vie. De
même, dans les *Suppliantes* d'Euripide, le texte ne dit pas,
comme font les traductions, qu'une vieille femme vit « depuis
beaucoup de temps », mais « en compagnie de beaucoup de
temps » (1118 : *meta*). L'expression peut surprendre, suggérer
des corrections[3] ; mais elle se comprend aisément à la lumière

---

1. L'image, ici, est une allusion à la virginité de Cyrène. Elle implique un
raffinement littéraire, très différent de ce l'on trouve dans l'*Agamemnon*.

2. Un peu plus tard, chez Euripide, seul l'individu sera considéré : on peut
rapprocher le temps d'une autre dormeuse, éveillée il est vrai ; c'est Phèdre, qui
songe au lieu de dormir, νυκτὸς ἐν μακρῷ χρόνῳ (*Hippolyte*, 375) ; la durée de
la nuit est rendue par un adjectif affectif, et cette durée est appréciée de façon
toute subjective.

3. Le texte dit : πολλοῦ τε χρόνου ζώσης μέτα δή. Au lieu de μέτα, on a
proposé diverses leçons, à savoir μῆκος ou μέτρα (Musgrave).

des exemples qui précèdent. Tous ces passages, où la personnification se fait à peine jour, reproduisent en langage plus modeste la même notion que dégage si fortement l'expression de l'*Agamemnon* – à savoir la vivante présence du temps à nos côtés.

Et si le temps vit ainsi tout près de nous, il ne tarde pas | à assumer, de la façon la plus naturelle, les transformations 45 diverses que nous apporte la durée. Dans deux passages différents, Eschyle parle du temps qui « vieillit »[1]. L'on retrouve, d'ailleurs, la même indication dans un fragment tragique d'origine inconnue (508 N). Or, il faut bien voir qu'il ne s'agit pas là d'une personnification extérieure, poussée jusqu'à la préciosité. Car ce vieillissement du temps est très exactement le nôtre. Dans *Prométhée*, 981, Prométhée annonce : « Il n'est rien que le temps n'enseigne en vieillissant » : ce vieillissement est celui de l'être qui apprend, et non celui du temps qui l'instruit. Il en est de même dans le second exemple, qui figure dans les *Euménides*, 286, où il est dit : « Il n'est rien que le temps, en vieillissant, n'efface »[2] : le vieillissement, ici encore, est celui de l'homme qui, avec l'âge, acquiert la paix ; le temps s'est, une fois de plus, substitué à l'homme. Certes, on a parlé, à propos de ces deux passages, d'une tradition proverbiale. Eschyle, peut-être, cite une formule connue. Mais, même s'il le fait, et si les termes de la formule étaient exactement ceux qu'il emploie – ce qui n'est pas certain – le témoignage que ces vers apportent sur la psychologie ancienne n'est pas pour autant moins intéressant. Car il ne s'agit pas ici d'un doctrine

---

1. *Euménides*, 286, *Prométhée*, 981. Dans les deux cas on a γηράσκων.

2. Dans un fragment de Sophocle (59 N = 62 P), il est peut-être dommage de corriger, comme on l'a fait, εἰς γῆρας χρόνου en εἰς μῆκος χρόνου.

personnelle : il s'agit, bien plutôt, d'une disposition générale de la conscience d'alors, qu'Eschyle traduit sans le vouloir.

En tout cas, et quelle que soit l'origine de l'expression, le temps est bien donné comme vieillissant avec nous[1]. Or, s'il vieillit avec nous, il ne peut qu'avoir notre âge, ou nous le sien. Tel est probablement le sens d'une autre formule, remarquable elle aussi, que l'on trouve dans l'*Agamemnon*, au vers 107. Les vieillards du chœur disent qu'à leur âge, il leur est encore possible de chanter de façon convaincante ; et ce qui les inspire, c'est *sumphutos aiôn*. Le sens du mot *aiôn* dans cette expression a été fort discuté. On l'entend parfois, avec Ed. Fraenkel, comme signifiant « durée de la vie » ; nous penserions plutôt, avec Mazon et Degani, qu'il signifie l'âge[2]. Mais l'intéressant | pour nous est que cet âge, ou cette durée, est *sumphutos*, mot qui n'est aucunement traduit par Mazon et qui est sans doute difficile à traduire. Il veut dire à la fois « né avec » et « qui se développe avec ». L'âge se développe avec les vieillards. Mais il ne se développe avec eux que parce que ce développement est, en fait, le leur. De même, dans *Œdipe Roi*, 1082, les mois sont « nés avec » Œdipe[3], et, dans *Ajax*, la

---

1. Dans les *Bacchantes* d'Euripide, le poète parle de traditions qui ont l'âge du temps (201 : ὁμήλικας χρόνῳ) ; mais le sens est différent : il s'agit de temps objectif et le vers veut dire qu'elles ont toujours existé. Nous disons encore en français « vieilles comme le temps »

2. Degani, *op. cit.*, p. 59, rapproche d'*Agamemnon*, 229 : αἰῶνα παρθένειον. Cette explication est celle du scholiaste, mais elle n'est pas adoptée par tous. Ed. Fraenkel donne au mot le sens de « âge », mais explique dans le commentaire qu'il s'agit de la durée de la vie – ce qui n'est pas tout à fait la même chose. Nous disons encore en français « ses vieux jours ».

3. 1082 : συγγενεῖς μῆνες. Les mois signifient évidemment le temps dans ses éléments successifs. D'autre part, le fait qu'Œdipe soit le fils de la Τύχη

mère du héros « vit dans [ou : "avec"] un jour ancien »[1]. Ces
notations relèvent manifestement d'une certaine façon de
sentir le temps[2]. Aussi bien, vers l'époque même de l'*Orestie*,
à très peu d'années près, Pindare écrivait-il, dans la quatrième
Pythique, 157 : « Mais voici que déjà la partie vieille de l'âge
m'environne »[3]. Notre âge est, dans ce cas, autour de nous,
avec nous, mais non pas en nous.

Au reste, comment s'en étonner, alors qu'à cette époque
toutes les forces psychiques prennent si aisément une vie
spacialement indépendante, qui, en définitive, est cependant la
nôtre ? On sait que, dans les *Sept contre Thèbes*, 288, les soucis
sont « voisins du cœur », que, dans *Agamemnon*, 976, la crainte
est « devant le cœur », que, dans les *Choéphores*, 1024, l'épou-
vante est « contre le cœur »[4] ? Non pas « dans » le cœur, comme
nous dirions aujourd'hui, mais « autour » – c'est-à-dire que
ces sentiments sont animés d'une vie propre, comme autant
d'êtres qui viendraient nous hanter. Et c'est ainsi que le sent
Eschyle ; car il dit que la crainte « vole » (*Agamemnon*, 977),
ou que la souillure « vole » (*Euménides*, 378). Et tous ces sentiments agissent, prennent une voix. Même le cœur de l'homme,

donne un sens plus précis à cette « parenté » avec les mois : *cf.* C. Diano, « Edipo
figlio della τύχη », *Dioniso*, XV (1952), p. 56-89.

1. 622 : παλαιᾷ μὲν ἔντροφος (ou σύντροφος) ἁμέρᾳ. Σύντροφος est une
correction de Nauck, que l'on a souvent adoptée : les exemples groupés ici
plaident en sa faveur.

2. Ed. Fraenkel (ad *Aga.*, 107) compare le fragment 362 N, où notre vie « se
joint avec nous dans la course » (συντρέχοι) et aussi des tournures où le temps
est remplacé par des mots comme πότμος ou δαίμων, évoquant des entités
toutes proches de notre vie et chargées de la représenter.

3. ἤδη με γηραιὸν μέρος ἁλικίας ἀμφιπολεῖ.

4. Dans ces divers exemples, les mots sont : γείτονες ...καρδίας;
προστατήριον καρδίας; πρὸς δὲ καρδίᾳ.

qui, à l'instant, le représentait dans sa qualité de sujet, peut, à
47 son | tour, usurper une existence également indépendante : il
peut gronder, bondir, chanter, gémir[1]. Tout comme le temps, il
vit notre vie à notre place. Il est nous et hors de nous. Pour
reprendre une expression qu'employait le savant danois
Carsten Høeg, dans une lettre qu'il m'écrivait il y a quelques
années, les sentiments et le temps lui-même revêtent
volontiers chez Eschyle une « autarcie ontologique ».

Que cette vie intense animant les métaphores soit en
grande partie due au génie poétique d'Eschyle ne saurait être
mis en doute : tout ce que touche Eschyle s'anime, s'impose,
se charge de pouvoirs mystérieux. Mais, en même temps,
comment ne pas reconnaître qu'un tel génie est celui qui
pouvait le mieux s'accorder avec ce moment de l'évolution
intellectuelle que constitue la fin de l'âge archaïque et le début
de l'âge classique ? C'est, en effet, un moment à part dans ce
que B. Snell appelle la « Découverte de l'Esprit ». C'est celui
où les sentiments étaient déjà sentis dans toute leur force
subjective, et où, cependant, ils n'étaient pas encore intégrés
dans une véritable vie intérieure. À cet égard, le type de personnifications du temps que nous venons de considérer, et dont le
pouvoir suggestif est si grand, se révèle donc propre à jeter
quelque lumière sur la façon dont se fit l'évolution qui devait
mener de proche en proche à notre conscience moderne.

On retrouve d'ailleurs la même tendance dans une série
d'expressions plus banales, dont certaines se sont transmises
jusqu'à nous. Certes, il est encore frappant de dire, avec les
vieillards de l'*Agamemnon*, évoquant le départ de la flotte et

---

1. Pour plus de détails, voir J. de Romilly, *La crainte et l'angoisse dans le
théâtre d'Eschyle*, p. 41 *sq.*

voulant dire que ce temps est ancien : « Le temps est vieux
déjà, où… »[1]. Il est également un peu étrange de dire avec
Sophocle : « le temps qui vit et qui est présent aujourd'hui »[2].
Mais on voit assez que cela consiste à appliquer au temps ce
qui devrait s'appliquer à nous, et l'image n'a rien de bien
mystérieux[3]. On pourrait presque la garder dans nos langues
modernes. Et, de fait, il en est d'analogues, qui, elles, y passent
| aisément. Remarque-t-on seulement l'image, quand Athéna **48**
parle, dans les *Euménides* (853), d'un temps à venir qui sera
« plus glorieux » ? Elle fait passer au temps ce qui revient à
l'homme ; mais nous le faisons encore constamment ; et l'on ne
penserait guère imiter Eschyle quand on parle de « moments
glorieux » ou de « matins qui chantent ». On peut employer des
métaphores analogues pour le temps dans son ensemble. Et,
avant d'en finir avec cette première catégorie d'images, je
citerai à cet égard quelques jolis vers de Ronsard, où il relève
une transposition analogue, et, en la corrigeant, nous aide à
mieux mesurer ce qu'elle comportait d'incorrect. Il écrit, en
effet, avec esprit :

> Le tems s'en va, le tems s'en va, Madame.
> Las, le tems non, mais nous nous en allons.

Par là se confirme qu'en cherchant à creuser dans les
couches anciennes de notre civilisation, on découvre, en défi-

---

1. 983 : χρόνος … παρήβησεν. La force de l'expression apparaît bien si
l'on compare avec la formule de Sophocle dans *Ajax*, 600 : παλαιὸς ἀφ' οὗ
χρόνος.

2. *Trachiniennes*, 1169 : χρόνῳ τῷ ζῶντι καὶ παρόντι νῦν.

3. On peut se demander s'il n'en est pas de même dans l'expression de la
dixième *Olympique*, 7 : ὁ μέλλων χρόνος ; peut-être y a-t-il l'idée du temps
« qui tarde » ; mais cela est au moins incertain.

nitive, des façons de penser toujours en usage, mais cachées par le vernis, tout superficiel, d'un modernisme rationaliste. Dans la même lettre de Carsten Høeg, citée un peu plus haut, ce savant faisait une sorte de retour sur lui-même, et observait : « Au fond, je suis persuadé que, pour moi, personnellement, en tout cas, je sens le temps… comme une réalité indépendante – un être *makros*, qui existe et prend couleur des événements et des états divers qu'il comporte ». On ne saurait mieux déceler la part de l'archaïsme qui survit en nous sous le glacis des concepts.

Quoi qu'il en soit, aucune question de ce genre ne se posera en ce qui concerne la seconde catégorie de personnifications. Car, en exprimant le pouvoir du temps, elles traduisent une tendance qui n'a jamais cessé d'exister. Seulement, l'importance du temps dans la tragédie grecque et l'éclat poétique de son style se conjuguent pour donner à ces images une richesse exceptionnelle.

*

Si le temps est ce par quoi nous distinguons deux situations successives, et qui se maintient tandis qu'elles varient, comme il s'est maintenu avant et se maintiendra après, il devient assez naturel de lui reconnaître un statut à part et des pouvoirs surhumains, comparables à ceux des dieux. Dans le monde grec, si peuplé de divinités, cette promotion s'est effectuée dès que l'idée de temps a été clairement dégagée. Elle s'est affirmée, **49** de façon éclatante, dans Pindare et dans la tragédie. | Elle a été surtout remarquée chez le premier[1]; cependant, la forme qu'elle affecte dans la tragédie est loin d'être indifférente.

En gros, on peut distinguer deux aspects principaux. Tout d'abord, le temps accompagne de sa présence la suite des événements humains; il y assiste et les voit se succéder, sans qu'aucun, jamais, lui échappe. Mais, à un second stade, comme on peut dire que seul le temps amène la réalisation de ces mêmes événements, on finit par penser qu'il en est un peu la cause, qu'il leur donne l'existence, et est, par conséquent, responsable de notre sort. Or, on peut suivre la série des exemples en ce qui concerne chacun de ces deux aspects : dans les deux cas, l'évolution est la même; dans les deux cas, l'on part d'expressions encore vagues, nous présentant un être imprécis et partiellement personnifié, pour arriver bientôt à des images plus précises et plus complètes, où le talent de l'auteur s'exerce librement.

On peut commencer par les personnifications assimilant le temps à une sorte de témoin universel : ce sont celles où son rôle est le plus modeste. Cependant il compte. Car, même si les choses sont censées exister de toute éternité ou avoir été décidées en dehors du temps, elles ne se réalisent que dans le temps et avec son aide : il les révèle. Comme le dit Ajax chez Sophocle, il « fait voir » puis il cache[2]. C'est là une idée que l'on retrouve en maint passage. Dans le fragment 280 N (301 P), Sophocle emploie un verbe signifiant « déployer »; il dit : « Le

---

1. La force active dont se charge le mot χρόνος chez Pindare a été bien mise en lumière par H. Fraenkel. Parmi les autres études, on peut citer H. Gundert, *Pindar und sein Dichterberuf*, Francfort, 1935, et D.E. Greber, « What Time can do », *T.A. Ph. A.*, XCIII, 1962, p. 30-33.

2. 647 : φύει τ' ἄδηλα καὶ φανέντα κρύπτεται.

temps, qui voit et entend tout, déploie tout ». Dans le fragment
832 N (918 P), il emploie des mots signifiant « dévoiler » et
« porter au jour »[1] ; il dit : « Le temps, en dévoilant toutes choses,
les porte à la lumière ». Le temps devient ainsi le moyen de
toutes les découvertes, et peut fort aisément se les voir attribuer.
Tel est le sens du mot de Thalès, disant que le temps découvre
50 tout[2]. Un fragment tragique d'attribution | inconnue dit un peu
la même chose, en employant, le même mot que Thalès[3].

Puisque le temps dévoile tout, il est comme un témoin qui
peut intervenir pour ou contre chacun. Déjà Pindare l'appelait
le « témoin unique de l'authentique vérité »[4]. Euripide traduit
la même idée avec plus de précision en employant le mot
en usage dans les procès, pour désigner un dénonciateur
(*Hippolyte*, 1051). Et nombreux sont les textes où l'on dit que
le temps « a montré » ou « montrera » quelque chose. Dans
Héraclès, il « a montré » dans son éclat la valeur du héros
(805). Dans un fragment de l'*Alexandre* du même Euripide,
il « montrera » ce qu'est un personnage (60 N). Et voici que
l'image se fait plus précise encore : dans un fragment du
Bellérophon, le temps « montre » les défauts des hommes,
mais le poète ajoute : « en appliquant de justes instruments de
mesure » (303, 4 N)[5] : de la vieille idée toute simple, on est
passé à la personnification concrète d'ordre littéraire. Et, de

1. Les expressions grecques sont, respectivement : ἀναπτύσσειν,
ἐκκαλύπτειν, εἰς φῶς ἄγειν.

2. Cf. *infra*, p. 133. La personnification ne manque pas d'audace ; mais elle
est facilitée par la présence d'une explication et de termes parallèles.

3. 509 N : ἀνευρίσκειν.

4. *Ol.*, X, 54 : ὅ τ᾽ ἐξελέγχων μόνος ἀλάθειαν ἐτήτυμον.

5. Le verbe grec est toujours δείκνυμι : *Héraclès*, 805 = ἔδειξε ; fr. 60 N =
δείξει ; fr. 303 N = δείκνυσι ; là, l'auteur ajoute : δικαίους ἐπάγων κανόνας.

façon plus élaborée encore, il est dit dans *Hippolyte* (430) que le temps révèle les mortels pervers « en leur présentant un miroir comme à une jeune fille ». Ici, l'image est recherchée. On a même relevé depuis longtemps qu'elle impliquait une certaine maladresse, puisque le miroir révèle la jeune fille à elle-même, alors que le temps révèle les hommes pervers aux autres. Cette maladresse montre assez que le vers n'exprime plus un senti-ment direct et fort, mais que l'auteur s'arrête à une personni-fication littéraire, qui lui plaît en tant que telle. Enfin, à cet égard, Euripide peut aller plus loin encore : il en vient à écrire dans l'*Alopè* : « le temps expliquera tout aux hommes de plus tard ; car c'est un bavard, qui parle sans qu'on l'interroge »[1]. C'est là une métaphore complète, filée, presque précieuse. Et ce n'est point un hasard qu'il s'agisse ici d'Euripide.

La même évolution littéraire se retrouve si l'on considère l'autre série de personnifications du temps, c'est-à-dire celles où le temps apparaît comme responsable des événements.

Si le temps dévoile tout, il est assez naturel de le considérer comme étant au principe de tout. On en fait alors une puissance | un peu mystérieuse, mi-abstraite et mi-personnifiée, qui 51 prend en charge ce qui nous arrive[2], et permet d'en fournir une explication qui se tient à égale distance entre les causes d'ordre religieux et les causes d'ordre naturel.

Tout d'abord, le temps donne naissance aux jours, aux jours et aux nuits[3]. Puis on passe de là à l'idée qu'il donne

1. Fr. 112 N : λάλος γάρ ἐστιν οὗτος, οὐκ ἐπερωτῶσιν λέγει.

2. Comme l'indique Tournier, dans son commentaire à *Electre*, 781 : « Le Temps est souvent représenté chez Sophocle comme présidant aux événements qui s'accomplissent dans son domaine ».

3. Cf. *supra*, p. 52.

naissance aux joies et aux peines que ces jours nous apportent.
Il «engendre mille peines» dans un fragment d'Euripide[1]. Il
devient donc comme une personnification de notre destin. De
fait, le glissement est même si naturel qu'il est souvent fort
difficile de dire où commence et finit la personnification.
Quand Pindare espère que la prospérité se maintiendra pour
ceux qu'il glorifie, l'idée même implique une action du temps.
Il dit aussi que le temps «apporte» la richesse et l'estime[2].
C'est là une idée presque abstraite. Pourtant il adresse à ce
temps une prière, comme il ferait pour un dieu : «Puisse le
temps, en sa course, ne point troubler sa félicité» (*Olympique*,
VI, 97), «Puisse le temps, en sa course, veiller sans cesse à la
maintenir» (*Olympique*, VIII, 28), «Puisse le temps, toujours
comme aujourd'hui, régler sa prospérité» (*Pythique*, I, 46),
«Puisse le temps infini, dans sa fuite, ne pas se lasser d'assurer
ma prospérité» (*Péan*, II, 26). Le glissement s'est fait tout
seul. Le temps n'a pas changé de statut. Même le fameux
passage de la deuxième *Olympique*, où il est appelé le père
de toutes choses, ne fait guère qu'insister sur une évidence
commune, qui est celle de son irréversibilité : «Le temps
même, père de toutes choses, ne saurait faire qu'elles n'aient
pas été accomplies»[3]. Cette puissance du temps est, sans doute,
«supérieure aux bienheureux» comme le dit le fragment 33
(Snell); mais, même lorsqu'elle revêt une si haute majesté, on

---

1. 575 N : (où *aiôn* signifie sans doute le temps de notre vie). On peut
rapprocher *Œdipe à Colone*, 618, où il s'agit du temps engendrant les jours et
les nuits : les deux formules sont parallèles.

2. *Ol.*, II, 10.

3. On peut joindre l'exemple de la confiance faite au temps dans la
quatrième *Néméenne*, 41 *sq.*, et aussi le souhait de la septième *Néméenne*, 67, où
il n'y a pas vraiment personnification.

reconnaît encore en elle le temps de la vie quotidienne, tel qu'il se présente à chacun de nous [1].

| La même ambiguïté et le même statut intermédiaire se **52** retrouvent dans la tragédie.

Le temps y joue un rôle ; il y est sujet de verbes. Mais quel temps ? est-ce la durée abstraite ? est-ce un être souverain ? Ce peut être l'un ou l'autre, et un peu les deux à la fois. Il donne des leçons (*Prométhée*, 981), il efface (*Euménides*, 826), il consume (*Ajax*, 713), il bouleverse (*Œdipe à Colone*, 609), il assoupit ou adoucit (*Alceste*, 381 et 1085) [2] ; mais qui pourrait dire en quelle qualité il le fait ? Même les adjectifs employés pour le qualifier ne peuvent en décider. Assurément, lorsque l'on nous dit qu'il est « long » ou « incalculable », il semble bien s'agir du temps sous sa forme ordinaire et concrète, du temps qui se compte en jours ou en années. Si l'on parle d'un temps qui est « grand », en employant l'adjectif *makros*, la même explication reste possible. Mais si la même idée est rendue par *megas*, qui caractérise la taille ou la majesté, cela devient franchement douteux. Et que dire lorsque nous le voyons, parce que nul ne peut lui échapper, recevoir, dans bien des passages, les épithètes de la souveraineté, les épithètes mêmes de Zeus ? Le voici, en effet, qui devient « souverain », dans les *Choéphores* (965), ou « tout-puissant », dans *Œdipe à Colone* (609) [3].

---

1. Le temps est une condition inéluctable avant d'être un maître inflexible. On rapprochera Ronsard, *Odes*, livre II, ode XII : « Le tems de toutes choses maistre… » et, en anglais, les passages de Shakespeare cités par Jebb, ad *Œd. Col.*, 610. Sur ce genre d'expressions, voir L. Cartney, « Father-Time », *Class. Phil.*, XXIII (1928), p. 187-188.

2. Voir Pindare, *Isthmique* III, 19, où le temps amène le changement.

3. Les expressions grecques sont παντελής (*Cho.*, 965) et παγκρατής (*Œd. Col.*, 609) : pour le premier, cf. *Sept contre Thèbes*, 118 ; pour le second,

L'idée de la souveraineté du temps n'a donc nul besoin d'être expliquée par d'incertaines influences orientales : telle qu'elle se présente dans la tragédie, cette idée traduit une expérience courante et la traduit de façon naturelle. Car il est naturel de souhaiter donner une cause aux événements, et d'imaginer que quelqu'un ou quelque chose est responsable de ce qui nous arrive. Ce peut être un dieu. Mais le temps fait aussi l'affaire. Et c'est bien ce qui se produit dans le théâtre de Sophocle et d'Euripide. Comme disent les femmes dans les *Suppliantes* d'Euripide (786-788) : « Le vieux temps, père des jours, aurait dû me laisser vierge jusqu'à présent » – « père »,

53 | comme dans la seconde *Olympique* : le mot évoque la continuité du temps ; mais il évoque aussi la majesté de Zeus.

Il en va de même pour l'emploi du verbe *krainein*, « réaliser » ; celui-ci peut traduire la simple réalisation d'un fait dans le courant du devenir, mais il peut aussi marquer l'action souveraine des dieux. De fait, dans les deux fragments d'Euripide où le temps est sujet de ce verbe, il se trouve rapproché d'expressions où le terme de « dieu » lui est parallèle[1].

Tout cela explique que parfois les éditeurs puissent hésiter à lire *chronos* ou bien *theos*, le temps ou la divinité[2]. Et

---

Euménides, 918 (entre autres). Dans le passage des *Choéphores*, la personnification est assez poussée, puisque le temps y « franchit le vestibule de la maison » (*cf.* le texte cité *infra*, p. 75). Simonide (fr. 1 Hiller, vers 5) et Bacchylide (fr. 13 Snell, vers 204) appellent le temps πανδαμάτωρ, épithète qui se trouve appliquée à Zeus dans *Philoctète*, 1467.

1. Il s'agit des fragments 773, 56 et 52, 8. Dans le premier, χρόνος et θεός sont employés dans des formules parallèles (θεὸς ἔδωκε, χρόνος ἔκρανε) ; dans le second, χρόνος est mis en parallèle avec εὐγένεια et θεός

2. Dans le fragment 510 N (adesp.), les manuscrits donnent ὁ χρόνος et Nauck écrit : « ὁ θεός scribendum suspicor ». Sur ce fragment, voir *infra*, p. 74.

cela explique également que l'on trouve franchement chez Sophocle l'idée que le temps est un dieu : elle figure dans l'*Electre*, au vers 179 : « Le temps est le dieu qui aplanit tout » [1].

Cependant toutes ces images restent encore imprécises. Elles attribuent au temps un statut à demi divin ; mais elles ne suggèrent pas un être défini, avec une psychologie et un aspect qui lui soient propres. Où donc, alors, trouvera-t-on cette précision plus grande ? Où trouvera-t-on des images plus poussées ? Dans une certaine mesure, chez Pindare ; car, dans la huitième *Isthmique*, il prête au temps des caractères physiques et moraux ; il écrit, en effet, au vers 14 : « Perfide est le temps qui plane sur nous et déroule le cours de notre vie » ; mais cette présence du temps est encore plutôt vague : il s'agit d'une force plus que d'un être concret. En tout cas, pour ce qui est du théâtre, il faut nous tourner vers Euripide, et nous trouvons, ici encore, dans son œuvre, la transformation achevée et la personnification vraiment complète : le temps est alors un être individuel, avec sa forme et ses traits de caractère, puisque l'on dit, dans *Héraclès* (506-507) : « Le temps est incapable de préserver nos espérances : sa tâche accomplie, il s'envole ».

Mais la fonction la plus remarquable du temps se situe au point de rencontre des deux fonctions que l'on vient de voir. Le temps est un témoin de tout ; il exerce un pouvoir souverain ; il devient donc très aisément le plus redoutable des juges.

| Le temps « voit tout » : comme le soleil, mais aussi **54** comme Zeus et comme les Érinyes. Et, à vrai dire, c'est en ce sens que l'entendaient les tragiques. Déjà Pindare n'avait pas autre chose à l'esprit quand il écrivait que « Le temps est le sauveur des hommes justes » (fr. 159 Snell). En tout cas, il est

---

1. 179 : littéralement, « facile, commode ».

clair que c'est ce que signifie la fameuse déclaration faite par le chœur dans *Œdipe Roi*, 1203 : « Le temps, qui voit tout, malgré toi t'a découvert » ; et c'est également ce que signifie le passage d'*Œdipe à Colone* qui dit (sans article, cette fois, et, par conséquent, avec une personnification d'autant plus sensible) : « Le Temps voit cela, il le voit » (1453-1454). Et, une fois de plus, ce pouvoir menaçant du temps peut aboutir à une vraie personnification, qui nous montrera le temps avec un regard sévère et perçant ; cela se rencontre dans un fragment tragique dont on ignore l'auteur : pour la beauté de la démonstration, on aimerait que ce fût Euripide... Ce fragment dit que « le temps, qui voit tout, a le regard aigu »[1].

Le cercle se clôt avec ce regard aigu, qui rappelle les dents aiguës que Simonide prêtait au temps. Mais une conclusion se dégage : c'est qu'en ce qui concerne la tragédie, une évolution semble se faire jour. Tout se passe comme si le temps avait d'abord été, pour les poètes tragiques, une présence impersonnelle, plus ou moins clairement associée à l'action divine, dont peu à peu il devient plus indépendant. Eschyle, qui mettait directement les dieux eux-mêmes en cause, a eu moins souvent recours que Sophocle à la personnification du temps, comme pouvoir intermédiaire et anonyme. Chez Sophocle, le recul des dieux dans un lointain plus mystérieux laisse la place à des forces de ce genre. Enfin, quand le lien avec les dieux se rompt, comme chez Euripide, ce nouvel être surhumain se trouve coupé d'eux ; il perd alors de sa majesté, pour entrer de façon libre dans une sorte de Panthéon purement littéraire. Cette évolution est d'ailleurs en accord avec ce que l'on a vu du caractère tardif des généalogies prêtées au temps.

---

1. Fr. adesp. 510 N.

Aussi bien avons-nous à cet égard un petit témoignage amusant, dans le scandale soulevé par le « pied » qu'Euripide prête au temps.

Certes, dans l'œuvre d'Eschyle déjà, il y a un texte où le temps non seulement avance, mais franchit un seuil : on le trouve au vers 965 des *Choéphores*, quand le chœur dit que bientôt le temps souverain « franchira le seuil de cette demeure ». | Mais le futur indique clairement que ce temps **55** souverain est ici l'heure décisive, l'heure de la délivrance définitive. Il ne s'agit pas du temps en général, mais d'un moment déterminé chargé par les dieux d'un retentissement particulier ; il y a une impression de mystère et d'épiphanie sacrée, plutôt qu'une personnification. Au contraire, dans deux passages, Euripide a parlé du « pied » ou des « pas » du temps : dans les *Bacchantes*, 889, il est question des diverses façons dont la justice divine dissimule « la longue marche du temps » ; et, dans un passage de l'*Alexandre* (42 N), l'auteur disait que les « pas du temps » approchaient[1]. Or, ce dernier passage ne nous est connu que par les commentateurs d'Aristophane, parce qu'Aristophane s'est moqué de l'expression. Il s'en est même moqué avec insistance, puisque, dans les *Grenouilles*, la critique revient par deux fois, mot pour mot. On voit en effet, au vers 100, qu'un poète généreux serait un homme à prononcer quelque expression aventureuse de ce genre : « l'Ether, maisonnette de Zeus », ou « le pied du temps » ; et, au vers 311, Dionysos s'écrie encore : « Lequel des dieux accuserai-je de me perdre ? "L'éther, maisonnette de Zeus" ou "le pied du temps" ? ». Sans nul doute, l'expression pouvait être aventu-

---

1. *Bacchantes*, 889 : δαρὸν χρόνου πόδα ; fr. 42 N : χρόνου προῢβαινε πούς.

reuse à plus d'un titre et stimuler à plus d'un titre la verve
d'Aristophane; mais il est certain qu'une des raisons était le
fait qu'au lieu des pouvoirs mystérieux d'antan, Euripide avait
ici recours à un type de personnification précis et familier. Le
temps au miroir, le temps bavard, le temps qui accomplit sa
tâche et s'envole, le pied du temps : dans ces images vivantes
et quotidiennes, toute majesté a disparu. Cette majesté tenait à
l'imprécision; elle tenait aussi au lien qui maintenait l'action
du temps associée à celle des dieux, dont elle n'était que le
reflet : le temps grec n'est devenu une divinité que lorsqu'il a
cessé d'être divin.

*

L'enquête menée ici sur les personnifications du temps
dans la tragédie grecque nous conduit donc, ici encore, à un
double résultat.

Tout d'abord, elle nous aide à comprendre les problèmes
que pose le temps aux consciences qui le découvrent. Parce
qu'à l'époque de la tragédie, la notion de temps a déjà pris
56 de l'importance | et de la précision, mais, pour beaucoup de
raisons, continue à être évoquée en termes de mythe, elle nous
permet de voir combien il est aisé d'inventer un être plus ou
moins concret, un « Autre », qui vit de notre vie ou cause nos
joies et nos peines. Cette sorte de projection, que le génie des
poètes grecs rend aisément communicable, nous permet ainsi
de revivre une expérience, qui reste dissimulée au sein de la
nôtre, et qui se réveille au contact des œuvres.

Mais en même temps, par la façon diverse dont ces poètes
procèdent, et par l'évolution qui semble se dessiner entre eux,
cette enquête nous éclaire déjà sur le tempérament et la pensée
qui sont propres à chacun. Aussi débouche-t-elle tout naturel-

lement sur les recherches qui vont suivre. Car si le temps est si important dans la tragédie, et s'il y assume des traits aussi saisissants, le moment est venu d'entrer dans le détail de ces réflexions et de ces images, pour voir s'exprimer, à propos du temps, les idées que se sont faites ces poètes sur le devenir humain[1].

1. Pour les chapitres qui suivent, j'aimerais citer les noms de trois de mes étudiantes, qui ont fait sous ma direction des mémoires portant, respectivement, sur le temps chez Eschyle, chez Sophocle, et chez Euripide : leurs observations m'ont souvent aidée à préciser divers points ; ce sont Mlle Lionnet, Mlle Ruffault et Mme Domange.

LE TEMPS DANS LE THÉÂTRE D'ESCHYLE

Eschyle est l'homme des guerres médiques. Il a combattu à Marathon, alors qu'il avait un peu plus de trente ans, et à Salamine, alors qu'il en avait un peu plus de quarante. Les deux fois, il a participé à des victoires qui ont sauvé sa patrie de l'invasion. Et il a vécu ensuite les années de grandeur, où celle-ci s'acquit la souveraineté en Grèce. Il n'est pas étonnant qu'un homme qui a vécu cela soit porté à faire confiance au temps. Et cette confiance, chez Eschyle, est si évidente qu'une phrase célèbre lui est attribuée – une phrase qui suffirait, à vrai dire, à justifier le thème traité ici – dans laquelle il dit, d'après Athénée, qu'il « dédie son œuvre au temps »[1].

Cette confiance explique que le temps, comme ouvrier de justice, soit toujours au premier plan dans ses tragédies. Son œuvre, en effet, ne nous offre pas seulement des réflexions plus ou moins banales sur l'action souveraine du temps : celles-ci s'épanouissent en une véritable doctrine, qui rend compte de la structure même de son théâtre.

---

1. VIII, 347, fin.

*

Le temps, chez Eschyle, est un maître : il nous « instruit » et nous apporte une leçon[1]. Mais cette leçon peut être plus ou moins rude. Sous sa forme première, la plus forte et la plus claire, elle est apportée par le châtiment.

De fait, il semble exister un lien assez étroit entre les deux idées de temps et de justice divine. D'abord l'idée d'une justice divine est une interprétation facile du temps : la causalité la plus naturelle, dans un monde religieux, étant toujours d'ordre divin, la tendance normale consiste à confier aux dieux la cohérence du devenir : tout événement arrive parce que la divinité l'a ainsi voulu, et elle l'a ainsi voulu à cause d'un fait antérieur qui a éveillé sa colère. Telle est bien la doctrine admise dans les pièces d'Eschyle.

Mais, inversement, il est manifeste que, pour quiconque a commencé à penser en termes de justice divine, le temps devient un facteur essentiel, car il rend possible les délais. Comment croire, en effet, à une justice divine, si l'on n'admet pas au départ que celle-ci, bien souvent, se fait très longtemps attendre ? Ces retards de la justice divine ont constitué un problème pour les anciens ; ils préoccupaient encore Plutarque, comme le montre son traité *Sur les délais de la justice divine*. Mais ils ne soulevaient pas de difficulté pour Eschyle : pour lui, ces délais étaient légitimes, étaient normaux.

Tout crime, à ses yeux, devait, de toute évidence, être puni : « Au coupable le châtiment ». Telle semble être la loi divine ; bien des formules d'Eschyle, avec une implacable brièveté, ne cessent de la répéter : toutes impliquent des

1. *Prométhée*, 981 : ἐκδιδάσκει.

condamnations sans appel[1]. Et le châtiment qu'elles appellent est symbolisé par l'Érinye, cette terrible divinité, dont les personnages d'Eschyle semble perpétuellement craindre ou espérer la venue[2].

Le châtiment se produit donc, inéluctablement.

Mais quand? Pas sur-le-champ! Et c'est ici que le temps intervient : les dieux, en effet, savent attendre. Solon et Pindare l'ont dit, eux aussi. Le premier déclarait que la justice fait payer les coupables « avec le temps » (3, 15 : *tô(i) de chronô(i)*); et Pindare écrivait que l'orgueilleux est perdu par sa violence « avec le temps » (*Pythique*, VIII, 15 : *en chronô(i)*)[3]. Mais ce qui était, chez ces auteurs, l'objet de remarques isolées devient le noyau même de la doctrine d'Eschyle.

Ceci explique à la fois pourquoi le temps est moins souvent personnifié dans son œuvre que chez les deux autres tragiques (car il ne s'arroge pas une souveraineté qui appartient aux dieux), et pourquoi il y joue, malgré cela, un rôle plus important qu'ailleurs : le temps est, en effet, pour lui, l'instrument employé par les dieux pour imposer leur justice; et il n'est pratiquement | pas de formule relative à cette justice qui ne **59** fasse intervenir, avec plus ou moins d'insistance, la notion de temps.

---

1. Eschyle dit, par exemple : παθεῖν τὸν ἔρξαντα ou δράσαντι παθεῖν; cf. *Agamemnon*, 1560 *sq.*, *Choéphores*, 313-314. Voir aussi *Euménides*, 269 *sq.* : ἔχονθ' ἕκαστον τῆς δίκης ἐπάξια.

2. L'Érinye a un pouvoir souverain et nul ne lui échappe. On rapprochera les vers exprimant le caractère ineffaçable du passé (*Agamemnon*, 1460, *Choéphores*, 48, 66, *Euménides*, 261). Les dieux sont à la fois des témoins et des vengeurs (*Choéphores*, 126).

3. Inversement, le fragment 159 (40 Puech) dit que le temps est « le sauveur des hommes justes ».

Elle peut ne se traduire que dans un adjectif comme celui d'*husteropoinos*, qui est si caractéristique de sa pensée : c'est un mot qui ne se retrouve nulle part ailleurs en grec, mais qu'Eschyle emploie à deux reprises pour dire : « dont la peine vient ensuite ». Dans *Agamemnon*, 58, il l'emploie pour qualifier l'Érinye : la plainte des vautours « tôt ou tard dépêche aux coupables l'Érinye vengeresse » (littéralement, « qui punit plus tard »). Dans les *Choéphores*, 382 *sq.*, il l'emploie pour qualifier la malédiction, ou *atè*, envoyée par les dieux : « Zeus, toi qui des enfers, tôt ou tard, fais surgir le malheur pour tout mortel dont la main fut scélérate et perfide… ».

Parfois, il dégage plus l'idée de temps : à l'adjectif *husteros* (« qui vient plus tard »), il joint le mot *chronos*. C'est ainsi que le chœur d'*Agamemnon*, au moment où le roi vient d'entrer dans le palais, évoque les maux qu'a suscités Hélène : « Une Colère aux desseins infaillibles pousse vers Ilion celle dont l'alliance allie à la mort. Le mépris de la table hospitalière et de Zeus qui la protège, tôt ou tard, elle entend la faire payer… » (700 *sq.*, littéralement, « plus tard dans le temps »)[1].

Ou bien, l'on peut avoir plus d'insistance sur le cours de ce temps : c'est ce que l'on trouve dans un autre passage de l'*Agamemnon*, où il est dit : « Les noires Érinyes, avec le cours des changeantes années, anéantissent un jour celui dont le bonheur offensait la justice »[2].

Ou bien, l'on peut avoir toute une proposition, dégageant avec force cette idée du délai possible ; et l'*Agamemnon*, ici

---

1. ὑστέρῳ χρόνῳ. L'expression est très forte en grec, car les mots ὑστέρῳ χρόνῳ sont placés entre les deux fautes mentionnées : τραπέζας ἀτίμωσιν ὑστέρῳ χρόνῳ καὶ Ξυνεστίου Διός.

2. 462 : χρόνῳ … παλιντυχεῖ τριβᾷ.

encore, nous en apporte la preuve. C'est aux vers 763 et suivants, où nous lisons : «Mais toujours, en revanche, la démesure ancienne, chez les méchants, fait naître une démesure neuve, tôt ou tard, quand est venu le jour marqué pour une naissance nouvelle »[1]. Il arrive même qu'Eschyle souligne lui-même l'incertitude du délai : tel est certainement le sens d'un passage des *Choéphores* (61 *sq.*), où il apparaît que pour certains la | justice agit rapidement, que pour d'autres elle agit **60** tard, et que pour certains enfin elle semble oublier d'agir[2].

Comment s'étonner de cette insistance sur la durée ? Nous savons que dans presque toutes les pièces d'Eschyle, le châtiment s'abat sur les enfants ou les petits-enfants de celui qui commit le crime. Étéocle et Polynice paient pour la malédiction d'Œdipe, mais cette malédiction elle-même n'était que le résultat de la désobéissance de Laïos envers les dieux. Agamemnon paie pour le crime de Thyeste, et le crime d'Oreste est l'aboutissement de tous ceux de son sang. Une famille entière, à travers une suite de générations, paie chaque crime par un autre, et est tenue pour responsable de la faute commise par un de ses ancêtres[3].

Quiconque croit que la justice divine se réalise en ce monde est logiquement amené à voir les choses de loin et à compter le temps par vastes ensembles. Eschyle compte par générations ; il voit ces générations dans leur suite continue. Dans le *Prométhée*, il semble trouver plaisir à évoquer ces durées qui ne sont plus à l'échelle de l'homme : il y est

1. Le texte est incertain pour certains détails ; mais cette démesure neuve est un aspect d'Atè (qui est mentionnée aussitôt après) : Atè égare l'homme pour précipiter sa ruine. Elle est à la fois châtiment et faute.

2. Sur ces vers, voir le bon commentaire de P. Mazon.

3. Ici encore, le nouveau crime est partie intégrante du châtiment.

question d'un sauveur qui viendra « trois générations après les dix premières » (774) et l'avenir d'Io est envisagé sur une étendue qui va jusqu'à « cinq générations » après son propre fils (853). La justice divine ne peut se manifester qu'au niveau des races, englobant toute une suite de destins solidaires.

Mais, du point de vue individuel, cette justice retardée entraîne une perpétuelle angoisse. Tous attendent – attendent que la colère divine arrive en justicière, ou attendent qu'elle cesse enfin et que leur peine connaisse un terme. Tel est le cas de Prométhée, condamné à un supplice qu'il devra endurer « pendant des jours sans nombre », cela avant d'être englouti pour une durée également écrasante : « et une longue durée de jours s'achèvera, avant que tu reviennes à la lumière »[1]. Tel est aussi le cas d'Io, dont les pérégrinations devront se prolonger interminablement (« ce que tu viens d'entendre, songes-y, n'est même pas encore un prélude... »)[2]. Et que font les Argiens à Aulis, sinon attendre pendant que les vents leur **61** imposent | « des délais toujours renouvelés »[3] ? Une fois partis, ils devront encore attendre pendant dix années de guerre, en subissant, avec ces années, tout leur cortège de misères réitérées[4]. Pendant le même temps, le guetteur attend sur son

1. 94 : τὸν μυριετῆ | χρόνον; 1020 : μακρὸν δὲ μῆκος ἐντελευτήσας χρόνου.

2. 741. Cette grande longueur de temps est encore suggérée, dans le texte, par le fait que le récit est réparti en plusieurs développements, correspondant chacun à une nouvelle série de maux (*cf.* 705-741 ; 788-819).

3. *Agamemnon*, 196 : παλιμμήκη χρόνον.

4. Là encore, le texte insiste. Le récit du messager, après un vers de salut au pays, commence par les mots : « après dix ans... » (504) ; et la monotonie de la durée est suggérée par l'alternance des saisons : « Et si l'on vous disait l'hiver, tueur d'oiseaux, l'hiver intolérable que nous faisait la neige de l'Ida ! ou bien la torpeur de l'été... » (563). Le même procédé est aussi employé dans le

toit[1], et Clytemnestre attend sa vengeance. Elle l'attend comme l'attendront, plus tard, les femmes que représentent les *Choéphores*, se nourrissant de sanglots «chaque jour», à cause de leurs «souffrances sans terme»[2].

Mais aussi quel soulagement quand enfin le délai expire! Ce soulagement est celui de la coupable Clytemnestre: «Elle est donc venue, la vengeance – enfin!» (*Agamemnon*, 1388: littéralement «mais, certes, avec du temps!»[3]. En réponse, les femmes d'Argos respireront, elles aussi, le jour où la reine mourra à son tour: «Elle est venue, la Justice; elle a fini par frapper les Priamides» (*Choéphores*, 935: *chronô(i)*); l'on dirait alors qu'une longue patience est enfin arrivée à terme: c'en est fini du «mal invétéré», le palais «a été trop longtemps à terre»[4]. Les délais de la justice divine sont durs à supporter pour les pauvres hommes. Chez Eschyle, ils sont à la source même de la souffrance humaine; ils lui donnent sa portée tragique.

Prométhée, où la longueur des peines est évoquée par l'alternance, toujours recommencée, du jour et de la nuit: «avec joie, toujours, tu verras la nuit dérober la lumière sous son manteau d'étoiles, le soleil à son tour fondre le givre de l'aurore, sans que la douleur d'un mal toujours présent jamais cesse de te ronger» (23 *sq.*). C'est encore le procédé employé par Racine dans les fameux vers de Bérénice, acte IV, sc. V (voir aussi note suivante):

> Que le jour recommence et que le jour finisse,
> Sans que jamais Titus puisse voir Bérénice.

1. *Cf.* les vers si caractéristiques qui ouvrent la pièce: «J'implore des dieux la fin de mes peines, depuis de si longues années qu'à veiller sur ce lit, au palais des Atrides, sans répit, comme un chien, j'ai appris à connaître l'assemblée des étoiles nocturnes, et ces astres surtout qui apportent aux hommes et l'hiver et l'été».

2. *Cf.* 26 (δι' αἰῶνος) et 470.

3. σὺν χρόνῳ γε μήν.

4. 955: βλάβαν ἐγχρονισθεῖσαν; 963: πολὺν ἄγαν χρόνον.

Bien plus, l'existence même de ces délais est relevée et
commentée à propos des diverses émotions qui atteignent les
personnages : elle stimule, selon les cas, leur espoir ou leur
62 | anxiété. Parfois, en effet, l'existence de ces délais encourage
l'espérance, en suggérant que l'on peut jouir d'une certaine
marge de tranquillité : c'est sur quoi comptait Darius dans les
Perses ; car, bien que connaissant les oracles, il voulait croire à
un délai : « Je me flattais qu'il faudrait aux dieux de longs jours
pour les accomplir jusqu'au bout ». Ou bien, inversement, la
longueur même de l'épreuve peut suggérer l'espoir qu'elle
touche peut-être à sa fin ; c'est ce qu'expriment les femmes
des *Choéphores* (464-465) : « Le Destin a longtemps tardé : à
nos prières il peut paraître » [1]. En revanche, ces mêmes délais
empêchent aussi les craintes de jamais s'apaiser, car on ne sait
jamais s'il ne reste pas quelque dette à payer, dont l'échéance
peut tomber n'importe quand. Les vieillards de l'*Agamemnon*
éprouvent un sentiment de ce genre quand ils cherchent en
vain à se rassurer : « Le temps est vieux déjà, où, sous les
amarres ramenées à bord s'envolait le sable, alors que vers
Ilion s'avançaient nos marins en armes… et pourtant mon
cœur au fond de moi-même chante le thrène sans lyre, que nul
jamais ne lui apprit, le thrène de l'Erinys ! » (983 *sq.*).

Cette menace perpétuelle et imprécise reflète bien la
double nature du temps. Car l'homme vit dans l'incertitude,
tout en se sachant promis à un devenir aussi légitime
qu'inévitable.

Il ne sait pas ce qui l'attend – pas vraiment. Souvent, de
sages maximes font allusion à cette ignorance. « Va, tu ne sais

---

1. 741 : διὰ μακροῦ χρόνου. Mais la réalisation des oracles est venue
« vite » (ταχεῖά γε) – c'est-à-dire à la génération suivante !

pas l'avenir», disent les suivantes des *Suppliantes* à leurs imprudentes maîtresses (1057). «C'était bien mal connaître l'avenir», rappelle le messager des *Perses* à propos de Xerxès. «L'avenir, il sera temps de le connaître quand il arrivera au jour. Jusque-là, qu'il aille sa route!», déclarent les vieillards de l'*Agamemnon*[1], pourtant hantés de présages et de prophéties.

Mais cet avenir incertain correspond néanmoins à un développement juste et infaillible du devenir. L'on peut espérer et douter, mais on sait que le temps accomplit quelque chose, qui, peu à peu, approche et mûrit, sans que personne y puisse rien. Et toutes les métaphores d'Eschyle rendent sensible cette lente maturation.

Elle peut être évoquée par des mots signifiant «accomplir», «achever», comme *telos* et *telein*, si fréquemment employés dans tout le théâtre d'Eschyle. Elle peut aussi se traduire par des | métaphores biologiques. Certaines d'entre **63** elles présentent le développement du crime comme une transmission vivante : le crime «engendre» le crime : «engendrer» est employé dans les *Choéphores*, au vers 805, et «enfant» au vers 646 : ou bien le crime revient et recommence, comme les abcès successifs qui trahissent une infection secrète[2]; on peut aussi dire qu'il est à l'origine d'une série de conséquences comme la graine, en germant, produit la plante, dont elle porte en elle-même la forme préfigurée. Déjà on lit dans les *Perses*, au vers 821 : «La démesure, en mûrissant, produit l'épi de

1. 251-252. Les derniers mots offrent un sens contesté. L'interprétation donnée ici (qui est celle de P. Mazon) est critiquée par Ed. Fraenkel.

2. Tel semble bien être le sens d'*Agamemnon*, 1479, malgré Ed. Fraenkel, *ad loc.*

l'erreur, et la moisson qu'on lève n'est faite que de larmes »[1]. Et la même métaphore se retrouve, moins nette, mais obstinément latente, dans plusieurs passages des *Choéphores*, qui disent, par exemple : « Du plus petit germe peut jaillir, immense, l'arbre du salut » (204), ou bien : « Le châtiment qui s'est fait attendre ne s'en épanouit un jour que plus terrible » (1009). Dans ce dernier passage, on dirait même que le châtiment se renforce à être ainsi retardé – comme un arbre que l'on aurait taillé et qui ne s'en déploierait qu'avec plus d'ampleur.

Le temps, qui permet l'éclosion de la justice, devient donc une force créatrice et positive. Il amène à l'être le châtiment que réclamaient les fautes passées. Il donne par là un sens – et le seul sens qu'ils puissent avoir – aux désastres divers jalonnant l'histoire des hommes.

Mais il faut ajouter un correctif, faute de quoi le temps risquerait d'être entièrement destructeur – destructeur des coupables, sans doute, mais de bien d'autres avec eux, destructeur de générations et de générations, destructeur d'espérances, destructeur de progrès.

Or, une circonstance s'y oppose dans la pensée d'Eschyle : le châtiment, en effet, amène l'homme à réfléchir et à devenir plus sage. Il n'a pas seulement une action pratique, mais un rôle moral, en tant que leçon pour l'avenir.

Une fois réalisé, le châtiment inspire à ceux qui en sont les victimes comme à ceux qui en sont les témoins une prudence accrue. Nous avons un proverbe qui dit : « Chat échaudé craint

64 |

---

1. La métaphore est très fortement marquée par toute une série de termes :

ὕβρις γὰρ ἐξανθοῦσ᾽ ἐκάρπωσε στάχυν
ἄτης, ὅθεν πάγκλαυτον ἐξαμᾷ θέρος.

On la trouve aussi dans les *Suppliantes* 104-111. *Cf.* Solon, 3, 35, Diehl.

l'eau froide». C'est une petite remarque fondée sur l'expérience quotidienne la plus modeste. Or, il est assez probable qu'à l'origine, la fameuse formule d'Eschyle *pathei mathos*, ou «comprendre par la souffrance» ne signifiait guère plus. Eschyle n'a fait que lui donner une portée et une profondeur exceptionnelles. Même dans son théâtre, d'ailleurs, ces leçons du temps ne sont souvent que les leçons pratiques de l'expérience commune. On apprend «dans le malheur» (*Euménides*, 276), on apprend à respecter le pouvoir (*Prométhée*, 10), ou encore à obéir (*Agamemnon*, 1619). Mais, par-delà ces leçons pratiques, on en trouve de plus hautes : Eschyle fait de la souffrance une grande leçon de sagesse, que nous donnent les événements, en nous montrant à l'œuvre la justice de Zeus. Tel paraît bien être le sens du grand chœur qui ouvre l'*Orestie* : on se rappelle une expérience douloureuse, et le souvenir nourrit la peine ; celle-ci est *mnèsipèmôn*, «rappelée avec souffrance» (180) ; et pour ces hommes, alors, «la sagesse en eux, malgré eux, pénètre».

Cette leçon de l'expérience peut naître d'un simple échec, ou du désastre arrivé à autrui, ou même de l'échec d'autrui. Qu'il s'agisse d'échec ou de désastre, de soi ou des autres, si le mal est justifié, il peut enseigner la sagesse. Par un trait assez remarquable, même Zeus, à ses débuts, peut apprendre de l'expérience ; et c'est à son sujet que Prométhée, sûr de tenir en échec le souverain des dieux, déclare sentencieusement : « Il n'est rien que le temps n'enseigne en vieillissant» (981). Le temps est, en effet, un élément si essentiel dans le monde d'Eschyle, qu'il lui faut remonter jusque dans le passé des dieux pour donner à la justice son véritable sens.

Mais, pour permettre au châtiment de rendre sages ceux-là mêmes qui n'ont point connu l'épreuve. Il faut que le principe

de son existence comporte un avertissement : il faut compter
avec la crainte. Cette crainte du châtiment possible anime à
peu près tous les personnages d'Eschyle et les retient de mal
agir – depuis le roi Pelasgos, qui invite la cité « à ne pas fournir
d'aliment pour les jours à venir au terrible courroux de Zeus
Suppliant » (*Suppliantes*, 615 *sq.*), jusqu'à ces citoyens pour
lesquels Athéna instaure, en place de châtiments sans cesse
renouvelés, une crainte préalable, qui les garantira du mal :
« Sur ce mont, dis-je, désormais, le Respect et la Crainte, sa
sœur, jour et nuit également retiendront les citoyens loin du
crime » (*Euménides*, 690-692)[1].

65 | Grâce au regret et à la crainte, les hommes, voyant ce
qu'est le monde, peuvent devenir sages – avec le temps.
On trouve l'expression à la fin des *Euménides*, quand, parmi
leurs bénédictions, les redoutables déesses souhaitent aux
Athéniens de vivre heureux auprès d'Athéna, apprenant la
sagesse « avec le temps » (1001) : la formule est même ici
d'autant plus remarquable que cette mention du temps n'y était
nullement nécessaire ; rien, en effet, n'a été dit contre les
Athéniens, ils n'ont, apparemment, commis aucun crime ni
encouru aucun châtiment[2] : et, à supposer même qu'ils aient
connu l'un et l'autre, les vieilles divinités étaient assez puis-
santes pour leur souhaiter la sagesse, sans plus. Elles leur

1. Eschyle insiste sur l'idée : *cf.* plus loin, 699 ; « S'il n'a rien à redouter,
quel mortel fait ce qu'il doit ? ». Voir aussi mon livre sur *La crainte et l'angoisse
dans le théâtre d'Eschyle*, Paris, 1958, p. 109 *sq.*

2. La formule s'applique évidemment à des marques de déraison données
par les Athéniens, et dont les avertissements divers d'Athéna, ainsi que les
allusions à la guerre civile, seraient le témoignage ; mais, si les circonstances
justifient l'expression, le contexte ne la rendait pas nécessaire.

souhaitent d'acquérir la sagesse « avec le temps », parce que, chez Eschyle, la sagesse ne s'acquiert jamais qu'avec l'aide des leçons du temps.

Les enseignements du temps peuvent ainsi mener à plus de sérénité. Et il faut ajouter que la doctrine d'Eschyle se complète, à cet égard, en des perspectives moins sévères. Car si, avec le temps, les hommes peuvent devenir plus sages, les dieux, de leur côté, peuvent devenir plus patients et plus indulgents. Non pas qu'il s'agisse ici d'une évolution générale ou d'un changement comme celui de Zeus dans le *Prométhée* : simplement, la colère des dieux finit un jour par s'apaiser. L'*Orestie* n'est-elle pas construite sur cette idée ? Les derniers vers des *Choéphores*, après les meurtres de Clytemnestre et d'Égisthe, nous laissent, en effet, sur une interrogation angoissée : « Où donc s'achèvera, où s'arrêtera, enfin endormi, le courroux d'Atè ? »[1]. Or, le courroux d'Atè s'arrête, en effet, après le jugement d'Oreste ; ou, plus exactement encore, il est « endormi », puisque le même mot est repris au vers 832 des *Euménides*. Les déesses chargées de punir acceptent de s'installer à Athènes, où elles se contenteront de tenir le mal en respect.

De fait, on trouve dans les *Euménides* une formule remarquable, qui fait écho à celle du *Prométhée*, dont nous étions partis. Cette formule dit : « Il n'est rien que le temps en vieillissant | *n'efface* » (286). Cette action destructrice du temps, qui use tout, est un thème fréquemment évoqué par les poètes : on constatera qu'il se rencontre chez Sophocle et chez Euripide. Chez tous, il prend une valeur pessimiste. Or, chez Eschyle, il n'en est rien. La formule, ici, s'applique à la souillure d'Oreste : « Le sang sur ma main s'endort et s'efface : la souillure du parricide est lavée », vient-il de dire[1]. Le temps a donc achevé la purification rituelle. Il a détruit quelque chose (de *kathaireô*, « je détruis »), mais quelque chose qui devait l'être ; et l'on peut dire qu'il a purifié (de *kathairô*, « je purifie »)[2]. Ce jeu de mots, si caractéristique, qui tourne en idée religieuse le banal dicton pessimiste, arrive donc à donner, ici encore, un caractère sacré et positif à l'action du temps – même là où la formule semblait faite à dessein pour en traduire l'aspect le plus négatif. Le temps, chez Eschyle, n'use ni la foi, ni le bonheur, ni la patience[3] : il use la marque de la colère divine, quand il est bon qu'elle prenne fin.

La doctrine relative au temps, chez Eschyle se révèle donc comme aussi homogène, aussi fortement affirmée, aussi cohérente, que le reste de sa pensée. Elle en est d'ailleurs partie essentielle. Il est alors naturel de penser qu'elle se reflète dans la composition de ses pièces ; et, en réalité, elle fait beaucoup plus : elle soutient, comme une armature, l'ensemble de leur structure.

---

1. Il y a cependant des souillures qui ne s'effacent pas, ainsi *Sept*, 682, où il s'agit du meurtre d'un frère par son frère : « C'est là une souillure qui ne vieillit pas ». La souillure ne s'efface que quand il est juste qu'elle le fasse. D'autre part, on trouve l'indication que la souillure s'use, sans mention de temps, dans les *Euménides*, 238 et 451.

2. Certains éditeurs écrivent καθαίρει dans le texte d'Eschyle (ainsi Stanley).

3. Le théâtre d'Eschyle n'offre qu'un exemple de quelque chose qui soit détruit par le temps : c'est la couleur du voile dans lequel mourut Agamemnon ; Oreste dit, dans les *Choéphores*, 1012 : « Le sang qui l'a taché travaille avec le temps à détruire ses couleurs multiples ». Encore le temps n'est-il pas la seule cause de cette destruction.

*

Eschyle pensait que la justice divine, toujours à l'œuvre, étendait son action à une suite de générations humaines : il ne pouvait donc traiter d'aucun événement sans considérer non seulement ceux qui précédaient, mais encore un passé déjà reculé, et souvent antérieur à la naissance même du héros. | Pour cette raison, il ne pouvait s'enfermer dans le cadre étroit **67** d'une action unique.

Le premier résultat est d'ordre pratique. On a rappelé plus haut qu'Eschyle écrivait, en règle générale, des trilogies – non pas des pièces isolées, mais trois pièces portant sur le même thème : cela lui ouvrait des perspectives plus larges pour suivre toute une série de crimes consécutifs, qui peuvent être distants dans le temps et liés cependant entre eux par une nécessité intérieure. L'*Orestie*, qui est la seule trilogie aujourd'hui conservée, en est, naturellement, la preuve la plus claire. Mais les *Sept contre Thèbes* fournissent un exemple aussi bon, rien qu'avec les titres des pièces qui constituaient la trilogie, et leur ordre lourd de sens : *Laios*, *Œdipe*, *Les Sept contre Thèbes* – autrement dit, le père, le fils, et les fils de ce fils. De plus, il est aisé de voir combien la faute initiale devait peser sur l'ensemble des trois pièces, puisqu'on la retrouve évoquée avec force, au centre de la dernière d'entre elles, au vers 745 des *Sept contre Thèbes* : le chœur, en effet, se tourne, au moment le plus décisif, vers cette faute commise autrefois par Laios, « rebelle à Apollon, qui, par trois fois, à Pythô, son sanctuaire prophétique, centre du monde, lui avait déclaré qu'il devait mourir sans enfant, s'il voulait le salut de Thèbes ». La trilogie est la seule mesure qui permette d'évoquer les lointains effets d'une faute.

Mais même une trilogie n'est pas toujours assez : si celle à laquelle appartenait la tragédie des *Sept contre Thèbes* commence avec ce crime initial dont le reste doit découler, l'*Orestie*, elle, ne remonte pas jusqu'à Atrée et à Thyeste ; elle commence à Agamemnon ; et les crimes qui s'accumulent sont trop nombreux pour une trilogie. Du reste, à supposer que celle-ci ait pu couvrir toute la suite des événements, il aurait encore été nécessaire de bien mettre en évidence la relation interne entre les premiers et les derniers. D'où la nécessité, dans la tragédie telle que la conçoit Eschyle, de longs retours en arrière, évoquant les faits du passé.

Ces évocations sont, le plus souvent, attribuées au chœur : ceux qui le composaient étaient moins engagés dans l'action que les personnages, et leur âge les rendait en général plus aptes à pénétrer les voies secrètes du destin humain. Ainsi s'explique que presque tous les grands chants du chœur, dans ce théâtre, soient plus ou moins complètement consacrés au passé. Le chœur se tourne vers lui, pour tenter de comprendre le présent ; il y cherche des explications ; il y alimente ses craintes.

68 | Il en résulte que les tragédies d'Eschyle oscillent perpétuellement entre le passé et le présent. Mais cette oscillation n'est ni gratuite ni désordonnée. Au contraire, si l'on considère d'un peu près la structure de chaque pièce, on constate que le schéma général en est toujours le même : Eschyle place au centre de la pièce le plus lointain retour en arrière – ce que le cinéma actuel connaît sous le nom de « flashback » – et là, juste au centre, il y associe une anticipation du futur, qui peut prendre la forme d'une prédiction. Ainsi, toute la suite des événements se trouve concentrée au cœur du drame en une sorte d'unité, où le déroulement du temps se résume en des lignes simples.

Il est remarquable de voir que c'est ce qui arrive même dans les *Perses*. Bien qu'il s'agisse de ce que l'on appellerait aujourd'hui une pièce historique, et bien que l'on s'attende à voir, assez normalement, Athènes désignée comme la responsable du désastre arrivé à Xerxès, l'Athénien qu'était Eschyle cherche à expliquer ce désastre par les fautes d'ordre religieux commises par Xerxès, et il lie ces fautes mêmes avec des faits anciens touchant l'ascendance du roi. Ainsi s'explique la place prise par le passé. Au début de la pièce, le chœur et Atossa tour à tour commentent les fautes dont s'est accompagné le départ des troupes pour la Grèce : le rappel du passé et la crainte pour l'avenir alternent ainsi en évocations passionnées[1]. Mais, au centre de la pièce, entre la nouvelle du désastre et le retour du roi vaincu, ce besoin de remonter au passé pour mieux comprendre le présent se matérialise soudain sous la forme d'une apparition, et le fantôme du vieux roi revient exprès de chez les morts pour expliquer et tirer la leçon. Dans les explications qu'il apporte, il insiste, assurément, sur la jeune imprudence de Xerxès ; mais il rappelle aussi un oracle, dont il connaissait l'existence à l'avance, et dont il espérait que la réalisation n'arriverait pas aussi rapidement ; il retrace ainsi brièvement une histoire, qui remonte aux débuts de la souveraineté mède, cinq générations avant la sienne (765 *sq.*) : autrement dit, il introduit là un commentaire sur un lointain passé. Et, étroitement lié à ce rappel du temps passé, on trouve la prédiction relative au futur : Darius, en effet, révèle que le désastre n'a pas

---

1. Le chœur pense au départ de l'expédition, la reine au rêve qu'elle vient de faire : des deux côtés, il y a d'amples raisons d'être angoissé. On relèvera que, dans la pièce, la relation existant entre le passé et l'avenir est directement indiquée : *cf.* 525-526 et 598-599.

69 encore atteint | son terme : « Aussi, criminels, ils subissent des peines égales à leurs crimes – et d'autres les attendent : l'édifice de leurs malheurs n'en est pas même à son soubassement … et des monceaux de morts, en un muet langage, jusqu'à la troisième génération, diront aux regards des hommes que nul mortel ne doit nourrir de pensées au-dessus de sa condition mortelle » (813-820). Huit générations sont donc ramassées en un tout, que lie le clair rapport entre la faute et le châtiment. Et pour rendre compte de ce vaste enchaînement, il faut l'intervention d'un être doué de connaissances plus qu'humaines.

Le même procédé se retrouve dans les tragédies portant sur des mythes. S'il est vrai que les *Suppliantes* n'établissent pas un enchaînement causal aussi net, la façon dont le lointain passé d'Io revient à chaque instant dans la pièce n'en est pas moins caractéristique. Io était l'ancêtre des suppliantes. Et leur parenté avec elle constituait un argument de prix, tant auprès des Argiens qu'auprès de Zeus lui-même. Mais cette parenté est aussi une explication, dans la mesure où le destin d'Io préfigurait celui de ses descendantes : cet aspect apparaît dans tous les chants et dans tous les dialogues du début [1]. Et il prend un relief particulier dans la grande invocation à Zeus, qui occupe le milieu de la pièce. La seconde strophe de ce chant commence, au vers 538, par le mot *palaion* (« ancien ») : « Une trace ancienne me ramène aujourd'hui aux lieux où, sous l'œil d'un gardien, jadis paissait ma mère… » : ainsi s'ouvre un long développement de quelque cinquante vers, consacrés à l'histoire d'Io.

---

1. *Cf.*, entre autres, 162 *sq.* : « Zeus ! c'est Io, hélas ! que poursuit en nous un courroux divin : je reconnais une jalousie d'épouse, qui triomphe du ciel tout entier ».

Dans le *Prométhée*, le rapport causal est, également, peu net – cela parce que la vengeance divine n'est point encore une justice. Mais la pièce contient pourtant les mêmes retours en arrière, liés à des prophéties. Cela est particulièrement manifeste en ce qui concerne Io. Pour ce qui est de Prométhée, il y a, sans nul doute, de nombreuses évocations de son passé – de ses fautes et de ses services; mais celles-ci sont trop directement liées à son sort présent pour être vraiment remarquables. Au contraire, les souffrances passées d'Io et son destin futur prennent dans la pièce une ampleur, qui n'allait nullement de soi. L'épisode d'Io est juste au centre de la pièce. Pour cet épisode, le titan se mue en devin; et lorsqu'Io elle-même a narré l'origine de tous ses malheurs, il entreprend de lui révéler, avec force détails, | ce qu'elle devra encore souffrir, avant **70** d'être finalement sauvée, et de donner naissance à un fils, dont le descendant viendra, à son tour, sauver Prométhée, « trois générations après les dix premières » (774). Mais le titan ne se contente pas de cette prophétie: il remonte également aux premières souffrances et aux premières errances d'Io, en « prophétisant le passé », comme eût dit Épiménide[1]. Enfin, après une longue évocation de ces événements anciens, il rejoint à nouveau le futur, en parlant du salut qui sera accordé à Io, et de la chute qui attend Zeus. De la sorte, on a de nouveau, juste au centre de la pièce, la même oscillation entre le passé et l'avenir, destinée à expliquer le présent en l'insérant dans un vaste ensemble, qui couvre plusieurs générations. La crise décrite dans la tragédie n'acquiert son sens que dans cette large perspective, qui nous est soudain dévoilée, juste avant la péripétie de la fin. Le drame de Prométhée ou les peines d'Io

---

1. Aristote, *Rhétorique*, III, 1418a.

deviennent ainsi les maillons d'une chaîne, qui part de la lointaine malédiction de Cronos contre Zeus et ne s'achève qu'avec l'instauration définitive de la justice.

Dans les *Sept contre Thèbes*, cette structure si particulière se retrouve sous une forme encore plus claire. Tout le début de la pièce, en effet, est consacré au présent et tendu par l'urgence. Mais, tout à coup, à la minute même où Étéocle décide d'aller combattre son frère Polynice, ce présent semble s'ouvrir devant nos yeux, pour nous permettre de discerner, en arrière-plan, les causes lointaines qui mènent tout. Étéocle lui-même annonce sa décision par une brusque exclamation, rappelant la condamnation qui pèse sur toute la race d'Œdipe ; et c'est vers elle qu'il tourne notre attention : « Ah ! race furieuse, si durement haïe des dieux ! Ah ! race d'Œdipe – ma race ! – digne de toutes les larmes ! Hélas ! voici accomplies aujourd'hui les malédictions d'un père… » (645 *sq.*). Et tout le chant du chœur qui suit – ce chant placé, par conséquent, entre la décision d'Étéocle et l'annonce de la mort des deux frères – est consacré à évoquer la longue série des désastres qui commencèrent avec la faute de Laïos. Cette fois, la seconde antistrophe s'ouvre par le mot *palaigenè* (« anciennement né ») : « Je pense à la faute ancienne, vite châtiée, et qui pourtant dure encore à la troisième génération, la faute de Laïos ». La structure est donc exactement celle que l'on a vue ailleurs. On pourrait objecter qu'il manque la prédiction relative au futur ; pourtant, on relèvera que ces simples femmes, incapables de prédire l'avenir, sont données | comme redoutant non seulement la mort des deux princes, mais la chute possible de Thèbes, dans un temps plus éloigné : « Et une angoisse étreint la ville : les oracles ne s'émoussent pas… » (845).

Avant d'en venir à des structures plus complexes, on peut ajouter à cela que le schéma des *Choéphores* obéit aux mêmes

principes. L'action y est entièrement commandée par le souvenir du meurtre d'Agamemnon, que les dieux et les hommes
s'entendent pour venger. Mais, juste au centre de la pièce,
après la reconnaissance entre Electre et Oreste, et avant le
meurtre de Clytemnestre, au tournant de l'action, on trouve un
élément d'une indéniable originalité : c'est une scène entière
d'invocation, qui se déroule sur le tombeau d'Agamemnon
et s'adresse à lui [1]. Il s'agit d'obtenir son appui ; et, pour cela,
tous les détails du meurtre ancien sont rappelés avec insistance
– pour son profit et pour le nôtre – si bien que tout le poids
du passé est ainsi mis en œuvre pour commander ce qui doit
suivre. Et, à peine achevée cette longue évocation du passé,
Eschyle introduit dans la pièce une discussion sur le rêve de
Clytemnestre, qui présage le futur tout proche. Ainsi, une
fois de plus, souvenirs lointains et prophéties se présentent
ensemble au centre de la pièce. Cela sans compter qu'à la fin
de la même pièce, on remonte plus loin encore, puisque la
conclusion réservée au chœur rappelle, pour terminer, le crime
contre Thyeste, qui, dans l'*Agamemnon*, avait été donné pour
la cause première de tout : « Des enfants dévorés ouvrirent
– tristement pour Thyeste – la série de nos maux… ».

Cette référence à l'*Agamemnon* nous ramène à une pièce
qui est, du point de vue du temps et de la structure littéraire, la
plus révélatrice de toutes les pièces d'Eschyle [2]. Trois raisons
peuvent être proposées pour expliquer la richesse privilégiée

---

1. Les mêmes thèmes auraient pu constituer le sujet d'un chant du chœur.
Le fait que le chœur et les personnages s'unissent en un long dialogue lyrique
souligne que le passé joue ici un rôle décisif dans l'action elle-même.

2. L'analyse qui suit a fait l'objet d'un premier exposé, « L'évocation du
passé dans l'Agamemnon d'Eschyle », paru dans la *R.E.G.*, 1967, p. 93-99.

qu'elle présente à cet égard. D'abord, c'est la première pièce
de la trilogie ; et le poète devait, par conséquent, établir le lien
de son drame avec les événements antérieurs qui n'y trouvaient
pas place – étant donné surtout que la trilogie ne commençait
pas avec le premier crime de cette famille. D'autre part, le poids
72 du passé, dans cette pièce, se présente de façon complexe ; | car
le passé doit expliquer deux événements de valeur inverse
– la victoire d'Agamemnon, vainqueur de Troie, et la mort
d'Agamemnon, tué par Clytemnestre ; il fallait donc, dans ce
passé, deux séries de fautes différentes, expliquant ces deux
aspects de la pièce. Enfin, on peut penser que l'*Orestie*, étant
une pièce tardive dans l'œuvre d'Eschyle, impliquait, par là-
même, une plus grande richesse de pensée et une plus grande
complexité.

Le résultat de tout cela est que la pièce est longue (elle
comporte près de mille sept cents vers), mais que, sur ces mille
sept cents vers, il n'en est guère plus de trois cents qui se
rapportent au présent : tout le reste est commentaire du passé
– qu'il s'agisse d'évoquer la guerre (comme dans la scène du
messager) ou de chercher plus loin dans l'histoire même des
Atrides (comme dans la plupart des parties lyriques).

Pratiquement, on pourrait même dire que tous les chants du
chœur qui précèdent le meurtre d'Agamemnon sont consacrés
au passé. Mais à quoi, dans ce passé ? Le premier de ces chants,
la vaste *parodos* qui constitue le plus long ensemble lyrique de
toutes les tragédies grecques, porte tout entier sur le départ de
l'expédition. Les mots qui ouvrent les anapestes sont : « Voici
dix ans déjà… » (40) ; quant au chant proprement dit, il relate
les présages terribles qui marquèrent le départ des troupes et le
monstrueux sacrifice qu'accomplit Agamemnon, en immolant
Iphigénie. Ce récit s'ordonne autour d'une invocation à Zeus,
dieu de justice ; et il est animé par un sentiment d'angoisse, le

chœur ne pouvant s'empêcher de craindre pour son roi, que tant de signes prophétiques semblaient dès l'abord condamner pour le meurtre de sa fille [1].

Mais avant que cette condamnation se traduise dans les faits, avant la mort d'Agamemnon, il devait y avoir sa victoire sur les Troyens. Cette victoire ne pouvait se justifier que par une autre faute, commise dans l'autre camp – à savoir la faute de Pâris et le rapt d'Hélène. Ainsi s'explique que les deux chants du chœur qui suivent la *parodos* soient tous deux consacrés à cette faute première. Le premier évoque Pâris, le second évoque Hélène. De plus, dans les deux, on retrouve la même insistance sur l'idée de la justice divine : celle-ci est hautement affirmée, répétée, commentée ; et l'on peut dire que tout cela explique le désastre troyen. Mais, par une déviation caractéristique | dans la composition de ces deux chants, et surtout **73** dans celle du premier [2], Eschyle est parvenu à faire que, de la faute commise par Pâris, on glisse finalement à celle d'Agamemnon. La faute de Pâris a entraîné la guerre ; mais la guerre et ses misères sont aussi l'œuvre d'Agamemnon : c'est lui qui voulut, qui dirigea cette entreprise, destinée à coûter la vie à maint guerrier, « tombé dans la lutte sanglante pour une femme qui ne lui était rien », si bien que « la douleur sourdement chemine, mêlée de haine contre les fils d'Atrée, champions de la vengeance » (450). On a donc tout ensemble un retour en arrière vers un passé plus éloigné, expliquant la

---

1. Le présage mentionné au vers 131 est vague et conditionnel ; celui dont il est parlé aux vers 150 et suivants est, au contraire, précis, et le sacrifice d'Iphigénie engage déjà sa réalisation.

2. Dans le second, rien n'est dit d'Agamemnon, mais l'insistance du texte sur la justice divine prend un caractère menaçant.

chute de Troie, et, dans ce passé éloigné, une faute de plus à imputer au roi, ce qui vient aggraver son cas [1].

Mais, pourrait-on dire, si la pensée d'Eschyle est ce que nous avons dit, comment ne remonte-t-il pas plus loin? Comment n'évoque-t-il pas la faute initiale qui pèse sur Agamemnon, et le crime d'Atrée, obligeant Thyeste à manger ses propres enfants? Ce serait, en effet, impensable. Et cette évocation existe effectivement: elle se trouve à l'endroit même où l'on pouvait l'attendre, c'est-à-dire au centre de la pièce, juste avant le meurtre du roi. Seulement, cette fois, l'évocation de ce premier crime n'est pas faite par le chœur: elle remplit la scène de Cassandre. Comme dans les *Perses* et dans le *Prométhée*, Eschyle a recours, pour ce grand retour en arrière, à un être doué de pouvoirs surhumains, à une prophétesse, capable de connaître le passé et l'avenir. Mieux encore, il a recours, ici, à une prophétesse inspirée, qui a des visions, et qui vraiment perçoit, en une impression unique, toute une série de moments divers, qui font comme des images surimposées et définitivement fondues en un tout. Cassandre voit, de ses yeux, sur le palais d'aujourd'hui, sur le palais de tout à l'heure, les taches de sang des anciens crimes, qui en font: «un abattoir humain au sol trempé de sang»; et elle voit ces crimes eux-mêmes, encore en train de s'accomplir: «Ah! j'en crois ces témoignages: ces enfants que je vois pleurer sous le couteau et ces membres rôtis dévorés par un père» (1100 *sq.*). C'était là le crime commis par le père d'Agamemnon. Mais dans la même angoisse, Cassandre continue: «Dieux! que prépare-t-on là?

---

1. Ses fautes au moment de la victoire sont évoquées dans le dialogue, en particulier celles qui furent commises envers les autels des dieux: voir 525 en relation avec 337, et 783 en relation avec 472.

Quelle terrible douleur encore prépare-t-on | en ce palais ? oui,   **74**
terrible et cruelle, intolérable aux proches, irrémédiable – et le
secours est loin ! ». Or, ce meurtre ainsi préparé est, cette fois,
celui d'Agamemnon. Elle en voit les images concrètes : le bain,
la main qui frappe ; elle les voit avant que la chose n'arrive. Et
elle voit aussi sa propre mort. Eschyle, assurément, ne pouvait
trouver de moyen plus fort ni plus saisissant pour imposer
l'idée que ces crimes encore à venir ne faisaient qu'un avec
celui d'Atrée. Et il pousse les choses plus loin encore. Car en
ce centre de la pièce, il joint à cette évocation du passé lointain
une prophétie portant sur la génération suivante. Cassandre, en
effet, déclare bientôt : « Mais les dieux du moins ne laisseront
pas sa mort impunie ; un autre viendra, un vengeur, un fils né
pour tuer une mère et faire payer le meurtre d'un père. Éxilé,
errant, banni de cette terre, il reviendra mettre ce couronnement
à l'édifice de maux élevé pour les siens » [1]. Atrée, Agamemnon,
Oreste : les trois générations successives forment soudain un
tout, qui surgit sous nos yeux, indestructiblement soudé. C'est
alors que Cassandre entre dans le palais, où le meurtre va
prendre place.

Ces divers traits montrent assez que l'ample structure de
l'*Agamemnon* s'éclaircit et se justifie, dès qu'on la met en
rapport avec la pensée d'Eschyle sur le temps et sur la justice
divine. Mais on peut encore ajouter une remarque. Car la pièce
ne s'achève pas avec le meurtre d'Agamemnon. Et les rappels
de faits passés ne cessent pas non plus une fois ce terme atteint,
seulement, après le meurtre, ils n'appartiennent plus à des
chœurs : l'évocation du passé appartient, désormais, aux

---

1. 1279 *sq.* Voir aussi 1317 *sq.*, qui évoque le jour « où, pour prix de mon
sang, le sang d'une femme, une femme aussi versera le sien, et où, pour prix
d'un homme perdu par son épouse, un homme tombera ».

personnages, et plus exactement aux meurtriers, qui y cherchent des justifications.

Le sacrifice d'Iphigénie et le démon attaché à la maison des Atrides servent d'excuses à Clytemnestre. Ce sont eux que l'on rencontre tout d'abord dans cette seconde partie de la pièce, où le meurtre d'Iphigénie est même rappelé plusieurs fois[1]. Le crime d'Atrée, d'autre part, était plutôt l'excuse d'Égisthe ; car Égisthe était fils de Thyeste. Ce retour en arrière plus lointain se présente, exactement comme dans la première partie de la pièce, après les rappels plus proches : on le rencontre seulement aux vers 1583 et suivants[2]. Et, là, tout l'ensemble **75** | des causes lointaines évoquées dans la première partie de la pièce au service de la crainte se trouve repris et brièvement répété, à titre d'argument et d'excuse. Autrement dit, il semble que l'on puisse voir, dans *Agamemnon*, la justice divine se muer déjà en justice humaine, ou au moins trouver en cette dernière son prolongement dernier ; car ce qui servait d'explication à un châtiment divin sert, en dernier ressort, de justification adressée à des hommes. Par là, *Agamemnon* prépare les *Euménides*, et, après les *Euménides*, tout ce théâtre d'Euripide, où le passé ne fournit plus que la matière à des débats organisés, comparables à ceux du tribunal.

D'autre part, on peut remarquer que, par un étrange retournement, ce qui constituait, dans la première partie de la

---

1. 1415 *sq.* ; 1525 *sq.* ; 1551 *sq.*
2. « C'est Atrée, en effet, roi de ce palais et père de cet homme, qui, voyant Thyeste – mon père à moi, son frère à lui, pour parler clair – lui disputer le trône, le bannit à la fois de sa ville et de sa maison ». Suit une longue narration de ce crime ancien, occupant plus de trente vers – cela à moins de cent vers de la fin de la pièce. Rien que ce détail serait assez pour montrer l'importance du passé dans le théâtre d'Eschyle et l'originalité qui en résulte dans la structure des œuvres.

pièce, une explication légitime, quand l'évocation était faite par les vieillards du chœur, angoissés pour leur roi, devient, dans la seconde partie, une excuse assez peu valable, quand elle est présentée par les assassins. Cette ambivalence ne doit pas surprendre. Car une vengeance peut être méritée, tout en demeurant criminelle ; et les fautes d'Agamemnon n'écartent pas la gravité du meurtre perpétré contre lui.

Quoi qu'il en soit, ce parallélisme même, entre la première partie de la pièce et la seconde est un signe de plus, montrant que ces retours en arrière et ces évocations du passé ne sont aucunement répartis au hasard. L'éloignement des faits dans le temps, l'ordre des développements, leur place dans la pièce, tout semble obéir à un art rigoureux, étroitement lié à la pensée d'Eschyle sur le temps. Et l'on peut dire que toute cette structure, dans ses moindres détails, obéit à la même grande idée, partout présente et partout essentielle, qui est de montrer comment des crimes passés rendent compte des maux, tant présents que futurs.

Cette doctrine, et aussi cette structure si particulière qui en est le résultat, sont personnelles à Eschyle ; on ne les retrouve chez aucun autre auteur. Toutefois, il peut être intéressant de constater que, dans des formes littéraires différentes, le même problème a suscité, vers la même époque, des solutions, à certains égards, comparables. Car Thucydide, contemporain | des tragiques, a voulu, lui aussi, traiter dans son œuvre d'une 76 crise historique bien déterminée. Et il a voulu la présenter dans sa continuité, sans rien déplacer. Mais, éminemment conscient de la nécessité où l'on est, pour bien rendre compte des faits, de remonter parfois un peu plus haut, ou même beaucoup plus haut, il s'est vu obligé de parler aussi du passé. Or, au lieu de procéder comme eût fait un moderne, en groupant au début de son œuvre ses principales considérations sur ce qui précédait la guerre, il a procédé, en fait, à la manière d'Eschyle. Plutôt que de traîner en prolégomènes, il a choisi de se jeter d'emblée *in medias res*, et d'interrompre son récit par une longue parenthèse sur le passé, là où l'influence de ce passé semblait peser le plus nettement. Ainsi s'explique l'étrange structure de son livre I, avec ses remontées vers différents niveaux de passé. L'importance de la guerre qu'il va raconter amène ainsi un premier retour en arrière, où il part des origines, pour montrer la faiblesse des époques antérieures. La décision de faire la guerre appelle ensuite un nouveau retour en arrière, celui-là franchement causal, dans lequel il part de la fin des guerres médiques, pour montrer comment s'était formée la domination athénienne. Enfin, le récit des incidents mettant aux prises Athènes et Sparte amène d'autres digressions, relatives non seulement à Cylon, mais à des hommes comme Pausanias et Thémistocle. Toute l'histoire grecque défile donc, dans un exposé plus ou moins détaillé selon les cas, et séparé en tranches diverses, selon qu'un aspect différent des événements doit être rendu clair. Une telle composition peut être en grande partie due à une élaboration progressive, comportant des remaniements. Mais un auteur moderne n'aurait pas procédé ainsi, même s'il avait dû remanier son texte. On sent, en fait, dans la structure du livre une sorte de malaise, né, comme chez Eschyle, de l'opposition entre une forme littéraire dont le sujet se veut étroitement délimité, et une pensée anxieuse de comprendre, qui exige, pour cela, de regarder toujours plus loin. La doctrine du temps n'est en rien celle d'Eschyle ; mais la valeur déterminante attribuée au passé est égale chez tous les deux.

Ce rapprochement permet, d'ailleurs, de mesurer clairement la portée de la différence. Thucydide, lui, ne demande au passé que des causes logiques et humaines ; et celui-ci n'est déterminant que parce qu'il crée une situation pratique propre à dicter les décisions présentées[1]. Au contraire, les causes qu'Eschyle | demande à ce même passé sont religieuses et 77 morales; et celui-ci se trouve déterminant parce qu'il éveille la colère des dieux, qui dès lors, punissent toute une suite de générations[2]. Entre les deux doctrines, le fossé est profond; entre les deux, une véritable révolution intellectuelle est intervenue; elle a modifié la sensibilité et les modes de pensée, donnant à ce poids qu'exerce le passé une signification autre.

Ce contraste entre Eschyle et Thucydide suggère que la pensée du poète doit être mise en relation avec les habitudes de son époque. Le rapport n'est pas douteux. Cela ne veut pas dire, assurément, que ses idées étaient celles de tous, loin de là. Même à son époque, sa pensée représentait certainement un cas limite. Une doctrine si solidement inspirée par la foi, si rigoureuse, si élevée, ne pouvait être accessible à beaucoup. Et Eschyle l'a exprimée avec une force et une insistance qui dénotent le sentiment d'une conviction originale.

Mais une telle pensée, cependant, ne pouvait s'élaborer que dans une certaine atmosphère morale et intellectuelle. Elle

1. Il est bien connu que Thucydide entendait donner à son histoire une continuité particulièrement rigoureuse, en suivant un ordre toujours conforme aux cadres chronologiques. Cela l'a amené à laisser de côté tout ce qui s'écartait tant soit peu de son sujet. D'autre part il admettait, dans la durée, de longues progressions régulières : il en donne la preuve dans l'Archéologie, au début du livre I.

2. Il y a, chez Eschyle, des causes tout humaines à côté des causes divines : Clytemnestre venge la mort d'Iphigénie; et ses sentiments, humainement, s'expliquent; de même, Oreste réagit au meurtre de son père, et ainsi de suite. Mais ce niveau psychologique n'est que la surface; et Eschyle, qui s'est toujours soucié de rendre bien clair tous les aspects de la causalité divine, n'a pas toujours pris soin de préciser le domaine des sentiments : le cas d'Étéocle, décidant de combattre son frère, en est l'exemple le plus célèbre.

n'aurait pas eu de sens dans une période moins religieuse, dans
un climat de rationalisme. De fait, en abordant les deux autres
tragiques, on constatera qu'avec l'évolution de l'atmosphère
intellectuelle, l'idée de temps se présente, elle aussi, sous des
aspects qui ne sont plus les mêmes. Certes, les vieux thèmes
eschyléens reparaîtront dans les tragédies, à l'occasion et
parmi d'autres. Mais ils ne seront plus seuls, ni au premier
rang; et ils auront perdu leur puissance. Ce ne seront plus guère
pour Sophocle et pour Euripide que des clichés, des lieux
communs transmis par la tradition, n'animant plus le mouvement des pièces[1]. Ou alors, ils seront transformés, et par un
78 insensible | glissement, changeront bientôt de sens, en telle
sorte que la foi initiale sera, en fait, remplacée par une
philosophie nouvelle, plus en rapport avec les tendances de
l'auteur et avec celles de son époque.

La tragédie, en somme, est un bon miroir. Car, bien que
chaque auteur ait des idées qui lui sont propres, bien qu'il
compose chaque pièce librement, il se trouve qu'en fin de
compte l'histoire du genre tragique reflète une dialectique
interne, au cours de laquelle l'idée de temps évolue régulière-
ment, en fonction de l'évolution même des tendances intellec-
tuelles. Cette évolution est générale : le grand écrivain, lui,
reste celui qui sait inventer un schéma tragique susceptible
de s'adapter à la philosophie nouvelle qui guide sa pensée.
On peut ajouter que, par chance, nous avons, en fait, trois
auteurs – ce qui, chacun le sait, est un nombre idéal pour toute
dialectique.

---

1. Voir, à cet égard, *infra*, le chapitre IV, p. 110 et n. 1, et le chapitre V,
p. 143 et n. 1.

LE TEMPS DANS L'ŒUVRE DE SOPHOCLE

Il y a exactement une génération entre Eschyle et Sophocle. Eschyle, alors âgé de quarante-cinq ans, combattit à la bataille de Salamine ; Sophocle, alors âgé de quinze ou seize ans, fit partie des chœurs destinés à célébrer la victoire. Quand Sophocle écrivit ses premières pièces, la puissance athénienne était donc largement et solidement établie. Et, dans la fierté que leur inspirait leur propre réussite, les gens, à Athènes, pouvaient assez naturellement être amenés à s'intéresser moins aux desseins divins qu'aux vertus humaines et au destin humain : l'époque de Sophocle est celle de l'homme.

Cette modification se marque très nettement dans la façon dont il évoque le temps. Car on retrouve dans son théâtre le schéma tragique d'Eschyle ; mais celui-ci revêt dorénavant une signification différente ; et, bien souvent, il laisse place à une philosophie nouvelle, mettant l'accent sur l'homme. Dans cette philosophie, le malheur de l'homme vient de ce que les choses changent, sa grandeur de la manière dont il répond à ce changement. Les événements ne sont plus l'objet d'explications d'ordre général, ils apparaissent comme une épreuve proposée à des individus. La pensée est donc profondément différente de celle d'Eschyle, même lorsqu'elle emprunte ses formules à la même sagesse traditionnelle.

Une telle différence apparaîtra bien lorsque nous considérerons la façon dont est décrite l'action du temps ; elle se marque aussi dans le fait qu'à cette première étude devra, en l'occurrence, s'en joindre une autre, consacrée à la réponse que l'homme apporte à cette action du temps.

*

Le temps, chez Sophocle, n'est plus le moyen par lequel s'accomplit la justice ; il est la cause de l'instabilité et du changement dont souffre la vie humaine.

80 | Sophocle, naturellement, n'ignore pas l'idée d'une justice divine, ni de fautes anciennes expliquant des souffrances présentes. Mais il n'insiste guère [1]. Il ne dit pas que l'événement qui vient détruire un homme est l'effet d'une puissance juste, ou d'une puissance injuste : il dit simplement que telle est la volonté de Dieu [2]. Par suite, il insiste moins sur les longs délais de la justice divine que sur les brusques intrusions de cette volonté divine dans la vie humaine [3]. Même

1. On trouve l'idée exprimée dans *Antigone*, 593 *sq.*, 856, 1350 *sq.* ; mais il s'agit de remarques isolées, qui ne trouvent aucune confirmation dans l'orientation générale de la pièce.

2. De là viennent toutes les discussions opposant les commentateurs sur la question de savoir si les personnages sont ou non coupables : *cf.* en dernier lieu E.R. Dodds, « On misunderstanding the Oedipus Rex », *Greece and Rome*, XIII, 1966, p. 37-49.

3. Les longs délais sont mentionnés, mais pour être déplorés : ils empêchent les hommes d'être rendus plus prudents par le spectacle du châtiment ; ainsi dans *Electre*, 1505-1506 et dans *Œdipe à Colone*, 1536-1537. Dans ce dernier passage, une trop grande familiarité avec Eschyle a amené Mazon à

quand il parle de châtiment, nous ne trouvons plus la menace qui pèse, mais un soudain bouleversement.

Dans *Antigone*, le chœur, qui évoque le malheur de l'homme que les dieux poussent « dans la plus désastreuse erreur » déclare : « et il lui faut alors bien peu de temps pour le connaître, le désastre ! » (625). Plus loin, dans la pièce, Tirésias énonce la même idée en parlant à Créon : « Peu de jours passeront avant qu'on se lamente à ton propre foyer sur des hommes, des femmes » (1078)[1]. Dans *Ajax*, Athéna en personne le dit : « un jour suffit pour faire monter ou descendre toutes les infortunes humaines » (131). Et, dans un passage d'une tragédie perdue, intitulée *Tyndare*, nous lisons également : « Dans un bref et court délai[2], le don d'un sort cruel abat la plus opulente prospérité, quand un changement intervient et qu'une décision divine le juge bon » (588 N = 646 P).

Ainsi, par un léger déplacement de l'accent, l'idée change de sens : on n'insiste plus sur Dieu et sur la justice, mais sur l'homme et sur le changement[3] : le temps, au lieu de constituer | une suite cohérente au cours de laquelle se réalisent dans la **81** douleur les desseins d'une justice transcendante, devient une succession de retournements brusques et saisissants, arrivant à

---

mal comprendre le texte et à négliger le sens des particules : elles traduisent pourtant très exactement le décalage existant entre la pensée d'Eschyle et celle de Sophocle.

1. Le grec dit, à 625 : ὀλίγιστον χρόνον, et, à 1078 : οὐ μακροῦ χρόνου τριβῇ.

2. ἐν γὰρ βραχεῖ … κὠλίγῳ χρόνῳ.

3. *Cf.* J.C. Opstelten, *Sophocles and Greek Pessimism*, Amsterdam, 1952, p. 65 : « Our poet is more concerned in the reaction of his heroes to their suffering, than in the cause of it ».

l'improviste et bouleversant tout ensemble le sort des êtres et leurs sentiments.

*

De ces revirements, les plus évidents sont, sans l'ombre d'un doute, ceux qui touchent le sort des êtres.

L'idée que nul ne saurait espérer un bonheur sans fin est un thème connu de la poésie grecque. Or, il se trouve que Sophocle l'a exprimée avec une force et un éclat exceptionnels. On la trouve dans le fameux chant qui accompagne l'entrée du chœur dans les *Trachiniennes*. Celui-ci mériterait d'être cité en entier; mais, pour s'en tenir à ce qui porte directement sur le temps, on peut au moins rappeler deux passages relatifs aux épreuves qu'Héraclès ne cesse de subir. Le premier dit (114-116): « Comme on voit sur la vaste mer, sous l'infatigable poussée des vents du midi ou du nord, les lames par milliers tour à tour s'éloigner puis repartir à la charge, ainsi notre Thébain est tantôt culbuté et tantôt exalté par les flots d'une vie aux labeurs sans fin pareille à la mer, à la mer de Crète! »; le second rappelle (126-135): « Aussi bien le Cronide, le roi qui règle tout, n'a jamais aux mortels octroyé de lots sans souffrances. Joies et peines pour tous toujours vont alternant: on croirait voir la ronde des étoiles de l'Ourse. Pour les hommes, rien qui dure, ni la nuit étoilée, ni les malheurs, ni la richesse; tout cela un jour brusquement a fui, et c'est déjà au tour d'un autre de jouir avant de tout perdre. »

Si, dans les deux passages, l'on trouve l'idée des altérations dues au temps, les images qui les évoquent peuvent à première vue, sembler fort différentes. L'une – la tempête – suggère le désordre; l'autre – le mouvement des astres – suggère un cycle ordonné. Toutefois, il n'y a là rien qui doive surprendre. Car le mouvement des astres, en lui-même, représente bien un cycle ordonné; mais, vu du point de vue humain, il signifie seulement un perpétuel changement.

L'astre est ici, puis là, puis à nouveau ici. Il passe sur nos têtes, puis sur d'autres. Si bien que l'ordre même du monde, peut, en fin de compte, illustrer pour les hommes l'idée du changement qui les laisse dépossédés.

Cette idée est, à coup sûr, une de celles qui ont le plus profondément frappé Sophocle. Car on trouve un peu partout dans | son théâtre des images analogues à celle que l'on vient **82** de voir.

Déjà le chœur auquel étaient empruntées ces deux citations en fournit la preuve, puisque, dès les premiers mots, il évoque l'alternance du jour et de la nuit; il commence, en effet, par une invocation (94 *sq.*): «Toi qui, en naissant de la Nuit, la dépouilles de ses étoiles, tout comme elle endort ta flamme à son tour[1], Soleil, Soleil, je t'implore...» De même, dans le fameux monologue d'Ajax sur la fragilité humaine – monologue sur lequel il y aura lieu de revenir – c'est encore l'alternance cyclique régissant l'univers qui fournit l'argument majeur en faveur de la résignation[2]. Cette alternance est évoquée dans un large mouvement et sous deux formes successives – d'abord les saisons, puis le jour et la nuit: «L'hiver qui marche dans la neige laisse la place à l'été porteur de moissons. Le char lugubre de la nuit s'efface devant le jour aux

1. Les mots, en grec, suggèrent l'alternance jusque par leur mouvement et le chiasme qu'ils forment: νὺξ ἐναριζομένα τίκτει | κατευνάζει τε φλογιζόμενον, ἅλιον.

2. La fonction de l'argument est la même dans le fameux passage des *Phéniciennes* d'Euripide, où Jocaste dit à son fils qu'il devrait accepter de partager le pouvoir avec son frère, comme le font le soleil et la nuit (543-546).

blancs coursiers, afin de le laisser briller de tous ses feux.»
(670 *sq.*). Puis, comme si ce n'était pas assez, le poète continue, évoquant l'alternance du calme et de la tempête, du
sommeil et de la veille : «Le souffle des vents redoutables
endort la mer aux flots grondants. Le tout-puissant sommeil
lâche les êtres qu'il avait enchaînés et ne maintient pas son
emprise indéfiniment sur eux». La richesse même de l'évocation prouve assez la force du sentiment. On n'est donc pas
surpris qu'il se reflète, ailleurs, dans des détails de l'expression – et en particulier dans la façon dont Sophocle emploie,
pour parler du temps, les mots qui servent normalement à
décrire le mouvement des astres. C'est le cas dans le passage
d'*Œdipe Roi* où les saisons «poursuivent leur révolution»[1] ; et
c'est le cas aussi dans les divers passages où il est question de
cycle ou de ronde, puisque le mot employé est *kuklein*. Ainsi,
dans *Electre*, pour suggérer la durée, Sophocle dit : «bien des
jours et autant de nuits viendront tour à tour», littéralement :
83   «en cycles» (1364)[2]. Ce «cycle» de la nature, | cette perpé-
tuelle alternance qui la régit, n'a pas le moindre rapport avec
ce que nous appelons aujourd'hui «temps cyclique» (et que
certains, du coup, s'empressent un peu trop de prêter à nos
Grecs) : il s'agit des phénomènes liés au mouvement des astres.
Or, ces phénomènes, s'ils obéissent à un ordre immuable,
n'en impliquent pas moins la modification incessante des
conditions dans lesquelles nous vivons.

---

1. 156 : περιτελλομέναις ὥραις.
2. *Cf.* encore fr. 787,2 N = 871 P : τροχῷ κυκλεῖται et 575 P : τρόχου
δίκην … κυκλεῖ τύχη. Le même mot κυκλοῦσιν était déjà employé dans le
passage des *Trachiniennes* cité plus haut, au vers 129.

Ce dernier aspect est celui qu'a retenu Sophocle; et c'est pourquoi il peut, dans le passage des *Trachiniennes*, combiner sans incohérence cette image des astres avec celle de la tempête en mer. Comme l'alternance cyclique, l'image de la tempête lui est d'ailleurs chère et familière. Il l'emploie pour suggérer, tout à la fois, les désordres qui menacent la vie humaine, et la vaillance du héros qui fait face de toutes parts, comme un guerrier entouré d'ennemis[1]. À cet égard, le meilleur exemple est sans doute celui que fournit *Œdipe à Colone*, dans le chant désespéré des vers 1211 *sq.* On lit, vers la fin : « Voyez ce malheureux. Dirait-on pas un cap tourné au Nord, de tous côtés battu des flots et assailli par la tempête? Lui aussi des infortunes effroyables, comme vagues sur des brisants, l'assaillent pour le détruire et vont le pressant sans répit. Les voilà qui viennent et du Couchant et du Levant, et du Midi rayonnant, et des monts Rhipée noyés dans la nuit! » (1239-1248). Un tel passage, auquel on pourrait en joindre d'autres, d'une grandeur non moindre[2], confirme que les idées exprimées dans le chant des *Trachiniennes* correspondent à un sentiment très vif

1. On peut rapprocher le passage de l'Iliade, XV, 618-622 (*cf.* C.M. Bowra, *Sophoclean Tragedy*, Oxford, 1944). Eschyle connaît aussi l'image, reprise par Shakespeare, d'une « mer de soucis » : ainsi *Perses*, 433, et *Prométhée*, 746; mais il ne la développe jamais pour donner une idée de l'instabilité des choses humaines, comme fait Sophocle.

2. Dans *Antigone*, 582 *sq.*, on trouve un passage dont le début rappelle Eschyle, car il parle des dieux ébranlant une maison sur laquelle se déchaîne Atè; mais la suite s'écarte d'Eschyle, car l'image vient suggérer une masse de maux désordonnés et imprévisibles : « On croirait voir la houle du grand large, quand, poussée par les vents de Thrace et par leurs brutales bourrasques, elle court au-dessus de l'abîme marin – et va roulant le sable noir qu'elle arrache à ses profondeurs, cependant que, sous les rafales, les caps heurtés de front gémissent bruyamment ».

chez Sophocle et digne à ses yeux d'être traduit avec toute la puissance artistique possible. En fait, on voit que tous les mouvements de la nature, ordonnés et désordonnés, se combinent pour mieux suggérer la fragilité des choses humaines et l'épreuve à laquelle est soumise la force de résistance de l'homme.

84 | C'est là une pensée profondément différente de celle d'Eschyle ; car le changement considéré et la fragilité suggérée ne sont plus, comme chez ce dernier, l'effet de quelque arrêt spécial porté par les dieux ; l'un et l'autre semblent tenir à la nature même des choses ; ils font partie de la condition humaine ; ils traduisent l'action du temps.

On en trouve la confirmation dans tous les textes de Sophocle relatifs au temps : chacun d'eux fait, de quelque façon, écho au chant des *Trachiniennes*, et le rôle du temps y est partout le même.

Il en est deux qui peuvent être mis à part, car ils insistent sur le temps plus que les autres ; tous deux se trouvent dans *Œdipe à Colone*. Le premier est un passage difficile et certainement corrompu ; pourtant la pensée générale en est claire. Il commence par une menace solennelle, à la manière d'Eschyle : « Le temps, veille, veille sur eux » ou, littéralement : « Il voit, il voit cela » (1453) ; mais vient ensuite une phrase en deux membres opposés, où deux cas sont distingués ; et la fin du passage dit que le temps peut, en un jour, relever un homme. Quel que soit le texte à adopter – nous ne saurions en discuter ici – une chose en tout cas, est sûre : le temps n'apparaît plus, dans la phrase, comme l'agent exécuteur d'un verdict d'en haut ; il intervient, avec une sorte d'arbitraire, tantôt dans un sens, tantôt dans un autre. Et son action suffit, par elle-même, à rendre compte des hauts et des bas de la vie humaine. Ceux-ci existent, parce qu'il est dans la nature du temps de les susciter ;

et ils n'ont donc plus besoin d'être expliqués, chacun à part, par une intention précise des dieux. Ils se produisent, et c'est tout. De fait, c'est bien ce que dit le second des deux textes annoncés (le premier dans la pièce, mais le moins insistant), lorsqu'Œdipe déclare : « Les dieux sont seuls à ne connaître ni la vieillesse ni la mort. Tout le reste subit les bouleversements qu'inflige le temps souverain » (609 : *pankratès chronos*).

La pensée est la même dans toutes les pièces ; et, si les termes ne sont pas toujours aussi précis que dans ces deux exemples, l'orientation générale donnée aux tragédies apporte une note concordante.

Le point de départ de ce chapitre était le premier chant des *Trachiniennes* : on pourrait ajouter que, plus loin dans la pièce, la nourrice fait une remarque, dont le sens est similaire ; elle dit, en effet : « Compter dès lors sur deux jours ou sur plus encore, n'est-ce pas pure sottise ? Il n'est pas de demain pour qui n'a pas déjà passé aujourd'hui sans accident » (945-946). Dans | *Ajax*, Athéna montre à Ulysse que l'homme n'est **85** qu'une ombre légère. Cela, tout le confirme, que ce soit Ajax, le fier guerrier, devenu un pauvre fou, ou Tecmesse, la riche princesse, devenue esclave ; et tout le monde le sait, le dit, le répète ; sans même parler du fameux monologue d'Ajax sur l'instabilité de la vie humaine, n'est-ce pas ce que dit Ménélas : « Chaque chose à son tour. Cet homme était, hier, brutal et arrogant : aujourd'hui c'est à moi à le prendre de haut » (1087-1088) ? N'est-ce pas aussi ce que dit le chœur pour conclure la pièce : « les hommes ont loisir de connaître beaucoup de choses en les voyant ; mais l'avenir, il n'est pas de devin, avant de l'avoir vu, qui connaît ce qu'il sera » (1418-1420) ? Et, si nous passons à *Antigone*, n'est-ce pas encore ce que nous retrouvons, enrichi d'un mot plus clair, qui est celui de sort et de hasard (*tuchè*) ? Le messager, en effet, déclare : « il n'est pas

d'existence humaine qui soit si stable que l'on puisse ou s'en
satisfaire ou s'en plaindre. La fortune à chaque instant vient
abattre l'homme heureux, aussi bien que redresser le malheureux » (1156 *sq.*). N'est-ce pas également ce qu'illustre le sujet
même d'*Œdipe Roi* Le fait est que, juste au moment décisif,
lorsqu'Œdipe découvre enfin la vérité, le chœur formule son
commentaire en termes parfaitement clairs : « Pauvres générations humaines, je ne vois en vous qu'un néant ! Quel est, quel
est donc l'homme qui obtient plus de bonheur qu'il en faut
pour paraître heureux, puis, cette apparence donnée, disparaître de l'horizon ? » (1186 *sq.*). Et la pièce se termine par la
vieille maxime selon laquelle nul ne doit être appelé heureux
avant sa mort[1]. L'exemple du *Philoctète* n'est pas moins net ;
et le malheureux qui en est le héros est une victime de plus
des vicissitudes humaines. Ne parle-t-il pas lui-même d'une
succession de bonne et de mauvaise chance[2]. Il ajoute même
cette remarque, portant sur la vie des hommes : « il leur faut
hors des peines, envisager le pire, et, s'ils ont la fortune, plus
que jamais veiller qu'elle ne tourne en ruine, sans même qu'ils
s'en aperçoivent ». Enfin, si nos deux premières citations
étaient empruntées à *Œdipe à Colone*, comment s'en étonner ?
Le sort d'Œdipe, dans la tragédie, n'illustre-t-il pas cette possibilité de revirements insignes ? De multiples remarques sur ces
86   revirements émaillent le texte | du début à la fin[3] : point n'est

---

1. On trouve l'idée dans *Agamemnon* d'Eschyle (928-929) ; elle est, on le
sait, développée par le Solon d'Hérodote, pour ne citer que l'exemple le plus
célèbre.

2. *Cf.* 503 : παθεῖν μὲν εὖ, παθεῖν δὲ θάτερα.

3. Les principales sont : 7 (sur αἱ πάθαι ... χὠ χρόνος ξυνών), 394
(« Aujourd'hui les dieux te relèvent, quand hier ils t'avaient perdu »), 567-568

besoin de les citer toutes pour confirmer une conclusion d'ores et déjà bien évidente.

En fin de compte, cette action destructrice du temps – bien marquée par les verbes qu'emploie Sophocle, comme *sunchein*, «bouleverser», dans *Œdipe à Colone*, 609, ou *marainein*, «éteindre», dans *Ajax* 713 – peut être considérée comme la marque même de la condition humaine. Les dieux ne sont pas, eux, soumis, au temps[1], et c'est ce dont s'émerveille le chœur dans *Antigone* (607 *sq.*): il s'adresse à Zeus et remarque que rien ne saurait réduire son pouvoir: «Ni le sommeil qui charme tous les êtres, ni les mois divins et infatigables n'en triomphent jamais. Insensibles à l'âge et au temps, tu restes le maître absolu de l'Olympe à l'éblouissante clarté». De même, les lois divines échappent au temps: elles existent éternellement et ont toujours existé; jamais l'oubli ne les atteindra, car un pouvoir divin est en elles, ou, selon *Œdipe Roi*, 871, «un dieu qui ne vieillit pas». Par contraste, on peut dire que l'homme est la créature d'un jour, et, selon une formule célèbre, deux fois reprise par Sophocle, un être éphémère: *hamerios anthrôpos*[2].

(«Je sais trop que je suis un homme et que, pas plus que toi, je ne dispose de demain»), et 607-608, cité *supra*, p. 117.

1. Chez Eschyle, les dieux avaient un passé et pouvaient changer: on le voit dans le *Prométhée*; cependant, on trouve, à l'occasion l'idée que toutes les conditions sont un mélange de bien et de mal, sauf celle des dieux: cf. *Agamemnon*, 551 *sq.*, avec la conclusion: τίς δὲ πλὴν θεῶν | ἅπαντ' ἀπήμων τὸν δι' αἰῶνος χρόνον.

2. *Ajax*, 399; *Antigone*. 790. Pour Zeus qui ne vieillit pas, cf. *Antigone*, 609: ἀγήρως δὲ χρόνῳ. Pour les lois divines, les textes principaux sont *Antigone*, 450 *sq.* et *Œdipe Roi*, 865 *sq.* Les Moirai sont μακραίωνες dans *Antigone*, 987. Du pouvoir divin, Sophocle dit: οὐδὲ γηράσκει (*Œdipe Roi*, 871).

De telles réflexions font penser à Pindare – en particulier,
l'opposition entre hommes et dieux sous le rapport du temps,
si fortement marquée à la fin de l'*Isthmique* III et dans le
fragment 143 (Snell)[1]; et Pindare déjà parle de la nature
éphémère de l'homme[2]. Mais ces réflexions n'évoquent pas
87 seulement | Pindare. Hérodote, lui aussi, insiste fréquemment
sur la fragilité des choses humaines; et l'on trouve chez lui des
formules qui ressemblent à celles de Sophocle jusque dans
le détail de l'expression[3]. Fait plus caractéristique encore, ce
que dit Sophocle rappelle, non seulement de simples lieux
communs littéraires, mais une pensée philosophique: le
rapprochement avec Héraclite s'impose, si l'on pense au
fameux fragment d'Héraclite sur le temps, « Un enfant, jouant
aux osselets – souveraineté d'un enfant »; même si la valeur
de certains mots peut prêter à discussion[4], le sens général
semble bien être celui que l'on a vu dans Sophocle. Et, du reste,
bien des détails, dans cette alternance de contraires si chère à

---

1. Cf. *Isthmique* III, 18 :

   Αἰὼν δὲ κυλινδομέναις
   ἀμέραις ἄλλ᾽ ἄλλοτ᾽ ἐξάλλαξεν.
   ἤΑτρωτοί γε μὰν παῖδες θεῶν.

2. *Cf.* H. Fraenkel, « Man's Ephemeros Nature according to Pindar»,
T.A. Ph. A., 1946, p. 131-145; on remarquera que l'expression ne se trouve pas
chez Eschyle. Pour l'instabilité de la vie humaine, voir *Ol.* II, 33 *sq.*; *Pyth.* III,
107; IV, 291; XII, 28 *sq.* Avant Pindare, il faudrait d'ailleurs mentionner
Archiloque : *cf.* fr. 7 Diehl = 1 Lasserre.

3. On rapprochera *Philoctète*, 236 : πολλὰ γὰρ τάδε ἐν τῷ μακρῷ
γένοιτ᾽ἂν ἀνθρώπων χρόνῳ et Hérodote, V, 9 : γένοιτο δ᾽ἂν πᾶν ἐν τῷ μακρῷ
χρόνῳ; on peut aussi comparer l'emploi de κύκλος chez Sophocle, relevé plus
haut, avec la formule d'Hérodote, I, 207 : κύκλος τῶν ἀνθρωπηΐων ἐστὶ
πρηγμάτων, περιφερόμενος δὲ οὐκ ἐᾷ αἰεὶ τοὺς αὐτοὺς μένειν.

4. Tel est le cas du mot Αἰών, sujet de la phrase, sur le sens duquel Kirk
exprime des doutes.

Sophocle, rappellent Héraclite et sa façon de combiner les contraires en une sorte d'unité antithétique[1]. Aussi ne saurait-on être surpris que certains aient songé à retrouver, dans l'œuvre de Sophocle en général, une influence d'Héraclite; l'hypothèse d'une telle influence a été défendue, entre autres, par J.C. Kamerbeek dans un article de 1948[2], où l'on peut constater que l'indice le plus probant est justement fourni par le rôle du temps et par les alternances qui sont sa marque. En tout cas, quelle que soit l'opinion de chacun à cet égard – les problèmes d'influence sont toujours épineux, on le sait – deux remarques peuvent être retenues de cette discussion. La première est que la pensée de Sophocle sur le temps est assez cohérente et assez forte pour pouvoir être rapprochée d'une doctrine philosophique. Mais, à supposer que des influences contemporaines aient pu aider à l'élaboration de cette pensée, celle-ci apparaît, en fait, si intimement mêlée à la trame même de l'œuvre qu'elle appartient, malgré tout, à Sophocle; car elle prend racine dans la façon même dont il percevait la vie de l'homme et sa condition.

Entre la philosophie d'Héraclite et la pensée de Sophocle, il y a donc un peu le même rapport qu'entre la foi de l'époque | archaïque et la pensée d'Eschyle. Dans l'un et l'autre cas, les **88** idées en cours ont pu alimenter la réflexion du poète, mais parce que celle-ci, spontanément, aspirait à s'en nourrir et s'orientait d'elle-même en ce sens; et l'épanouissement qui en a résulté obéit à une poussée intérieure aussi libre que puissante.

---

1. Pour d'autres notions communes à l'un et à l'autre, on se reportera à l'article de Kamerbeek, cité dans la note suivante. Une des plus intéressantes est sans doute la fameuse formule : ἦθος ἀνθρώπῳ δαίμων.

2. « Sophocle et Héraclite, quelques observations sur leurs rapports », *Studia Vollgraff*, 1948, p. 89-103.

*

Celle-ci, du reste, ne s'arrête pas aux idées que l'on vient de voir.

Dans le livre de J.C. Opstelten sur le pessimisme de Sophocle, on trouve des listes de passages dont certains traduisent le caractère fugitif, instable ou incertain des choses, et d'autres l'insignifiance, la vanité, la faiblesse de l'homme et de son existence[1]; dans toutes ces rubriques, on trouve le temps plus ou moins directement mis en cause. Le temps, en effet, n'agit pas moins sur les sentiments de l'homme que sur son sort pratique.

En fait, de toute l'œuvre de Sophocle, le texte le plus important sur l'action du temps, et le plus révélateur pour établir, comme le fait Kamerbeek, un rapport avec Héraclite, est un texte d'*Ajax* dont il n'a point encore été question ici : c'est le fameux monologue par lequel Ajax inspire aux siens une espérance trompeuse. Le moment est venu de le considérer, car on y trouve cette nouvelle idée, que l'homme, lui aussi, change de sentiments d'un jour à l'autre. Et l'on peut dire que, si le chœur des *Trachiniennes* commandait tout un groupe de textes, celui-ci fournit le second volet du diptyque et prend, dans l'œuvre du poète, une importance non moindre.

Ce monologue, on le sait, est en partie trompeur : Ajax dit qu'il a changé d'humeur, qu'il se soumet, qu'il accepte de vivre et d'obéir – alors qu'en fait il n'a pas changé et va bientôt se donner la mort. Il n'en reste pas moins que les arguments qu'il énonce et la vision qu'il offre du monde en général coïncident remarquablement avec la pensée de Sophocle. Ajax

1. Opstelten, *Sophocles and Greek Pessimism*, p. 124 *sq.* : il distingue, de façon assez artificielle, neuf rubriques différentes.

insiste, comme Sophocle le fait si volontiers, sur les changements qu'apporte le temps. Mais, à la différence de ce que
disaient les textes cités jusqu'ici, ces changements s'étendent
cette fois au cœur humain[1]. Ajax commence en effet par une
grande | évocation (646 *sq.*) : «Oui, le temps, dans sa longue, **89**
interminable course, le temps fait voir ce qui restait dans
l'ombre, tout comme il cache ce qui brillait au jour[2]. Il n'est
donc rien à quoi l'on puisse s'attendre, et l'on trouve en défaut
aussi bien le plus fort serment que les volontés les plus
fermes… ». Et, vers la fin, reprenant à son compte la formule
classique du sage Bias[3], il livre à ce grand courant de transformation perpétuelle les relations humaines essentielles, l'amitié
et l'inimitié : « Pour moi, je viens d'apprendre que l'on ne doit
haïr son ennemi qu'avec l'idée qu'on l'aimera plus tard, et,
pour l'ami, je n'entends de ce jour l'assister, le servir, qu'avec
l'idée qu'il ne restera pas mon ami à jamais. Ils ne sont pas
nombreux, les gens dont l'amitié offre un refuge sûr » (678-
683). Sans doute Ajax, en admettant que les dispositions qu'il
décrit soient sincères, n'est-il que depuis peu prêt à les
adopter ; s'il s'y plie, c'est à contre-cœur ; et son amertume
même le porte à les exagérer, poussant ainsi au noir une attitude qui continue de lui être odieuse. Mais que l'idée lui soit ou
non odieuse, c'est un fait que les choses changent, et que les
gens changent. Et ce que dit Ajax avec tant d'amertume n'est

1. Sur cette différence, *cf.* G.M. Kirkwood, *A study of Sophoclean Drama*,
Ithaca, 1958, p. 160-162.
2. ἃπανθ' ὁ μακρὸς κἀναρίθμητος χρόνος | φύει τ' ἄδηλα καὶ φανέντα
κρύπτεται. Les mots employés sont de valeur très générale ; pourtant, il semble
qu'ils évoquent, par une sorte d'allusion lointaine, l'idée du cycle astral, tel
qu'on l'a vu plus haut.
3. Aristote, *Rhétorique*, II, 1389b et 1395a – fragment 39.

qu'une version plus insistante de ce que disent ou suggèrent
quantité d'autres personnages.

Le texte le plus probant à cet égard est un passage d'*Œdipe
à Colone*, donc un passage appartenant, non plus à une pièce
ancienne, mais aux dernières années de la vie de Sophocle. Il
est placé dans la bouche d'Œdipe, qui explique à Thésée
qu'Athènes risque un beau jour de se heurter à l'inimitié de
Thèbes. Rien ne suggère qu'Œdipe ait tort. Or, ce qu'il dit
ressemble fort à ce que disait Ajax dans son monologue : « Les
dieux sont seuls à ne connaître ni la vieillesse ni la mort. Tout
le reste subit des bouleversements qu'inflige le Temps souverain. Voit-on pas dépérir la force de la terre comme dépérit la
force d'un corps ? La loyauté se meurt, la félonie grandit, et ce
n'est pas le même esprit qui toujours règne entre amis, pas plus
que de ville à ville. Aujourd'hui pour tels, et pour tels demain,
la douceur se change en aigreur, et puis redevient amitié »
(607-614). Tout comme dans *Ajax*, on part des changements
dont l'univers offre le spectacle, puis on étend l'idée aux
sentiments de l'homme, et surtout à l'amitié. Et sans doute,
90   est-il | vrai que cette instabilité inspire à Œdipe une certaine
réprobation ou tout au moins l'afflige. Mais rien, dans le texte,
ne laisse entendre que son analyse soit fausse ; et la pièce fut
écrite à un moment où Athènes était bel et bien en guerre
ouverte avec Thèbes, comme il l'avait prévu.

La vision du monde qu'il met ainsi en avant se retrouve
dans bien d'autres textes de Sophocle : dans des remarques
faites en passant, dans des observations de détail, dans des
propos d'allure banale [1].

---

1. Il y a, naturellement, le fragment bien connu qui porte le numéro 868 N =
954 P, et qui dit : χρόνος δ᾽ ἀμαυροῖ πάντα κεἰς λήθην ἄγει ; mais il est

La tragédie d'*Ajax* à laquelle appartenait le grand texte cité plus haut, semble aussi la plus riche en références de ce genre. C'est ainsi que les soldats d'Ajax, bien que comblés de joie par le changement de leur chef et pleins d'approbation pour ce qu'il abomine, décrivent pourtant l'instabilité universelle dans des termes à peu près semblables : « Il n'est rien que n'efface le temps tout-puissant [1], et, pour ma part, je ne proclamerai plus rien d'impossible, du moment qu'Ajax, transformé, aura, contre toute attente, renoncé à ses fureurs contre les enfants d'Atrée et à ses féroces querelles » (713-717).

La traduction citée est celle de Mazon. Elle coïncide avec celle de Jebb et reproduit le même texte. Mais il faut signaler qu'ici les manuscrits portent, pour l'action du temps tout-puissant, non pas seulement *marainei* (il « épuise »), mais *marainei te kai phlegei*, il « épuise et allume », « s'éteint et s'avive »). Un tel texte retrouverait le même mouvement d'alternance, avec la même majesté cosmique, si souvent évoqué par Sophocle [2]. Aussi n'importe-t-il guère que les deux derniers mots n'aient pas d'application concrète et immédiate au cas d'Ajax : ils prennent semble-t-il, un sens, si on les rapproche de la pensée de Sophocle en général, de sa vision du

---

difficile de savoir dans quel esprit la remarque était faite et le sens vrai qui lui était attribué dans la pièce.

1. Jebb traduit assez malencontreusement « the strong years », traduction qui écarte le rôle vivant et direct du temps. De fait, dans les trois passages que l'on vient de voir, sa puissance est affirmée ; il est « le temps, dans sa longue et interminable course », « le temps souverain », « le temps tout-puissant » (μακρός, παγκρατής, μέγας).

2. Kamerbeek signale la relation qui existe entre φλέγει, qui est employé ici et φλέγειν employé au vers 673, pour la venue du jour, succédant à la nuit.

monde. Et c'est là une raison assez forte pour que l'on veuille les garder malgré Jebb et Mazon, mais avec Kamerbeek.

91 | Plus loin encore, dans la même pièce, Teucros observe encore : « Las ! que la gratitude – pourtant due à ce mort – fuit donc vite les cœurs humains… Et voilà tout ce passé perdu et jeté aux vents ! » (1266-1271). Puis c'est Ulysse qui constate : « Beaucoup sont nos amis qui nous seront ensuite hostiles » (1359). Et bien d'autres personnages, dans d'autres pièces, expriment des regrets semblables ou s'indignent des mêmes changements. « La nature humaine ne se complaît pas éternellement aux mêmes objets », observe Déjanire dans les *Trachiniennes* (440); « N'accorde à tes ennemis ni chagrin extrême ni oubli complet : le temps est le dieu qui aplanit tout », déclare le chœur dans *Electre* (179). Trop de personnages, dans le théâtre de Sophocle, évoquent le temps sous ce jour pour qu'on puisse douter qu'il s'agisse là d'idées qui, dans une certaine mesure, traduisaient la pensée du poète. Et, du reste, elles s'accordent, pour l'inspiration, avec le texte qui, dans son œuvre, rend le son le plus personnel : ce texte est le fameux chœur sur les malheurs de la vieillesse, dans *Œdipe à Colone*, où l'on voit, avec l'âge, tous les biens s'évanouir, pour laisser l'homme « sans force sans relations sociales, sans amis »[1].

Mais, s'il est vrai que Sophocle semble avoir été de plus en plus sensible à l'action du temps sur les sentiments de l'homme, cette constatation même conduit à poser un nouveau problème. Car si l'homme n'était rien d'autre que le fantoche évoqué dans de tels passages, il n'y aurait plus de grandeur tragique. Et l'œuvre de Sophocle n'aurait plus de sens. Il reste

---

1. 1236-1237 : ἀκρατὲς ἀπροσόμιλον… ἄφιλον.

donc à voir comment la noblesse humaine peut s'affirmer dans un monde à ce point instable.

*

Une première remarque s'impose : c'est que ces observations sur l'instabilité humaine sont toutes présentées sous la forme d'exhortations. On conseille d'être souple et non obstiné, patient et non fier ; on conseille de se soumettre au temps. Mais qui conseille cela ? et ceux qui le font ont-ils raison ? et n'y a-t-il pas d'autre attitude possible à l'égard du temps, d'autre façon d'envisager la relation entre le temps et l'homme ? Ces questions, qui nous mènent au cœur même de la morale sophocléenne, méritent de retenir notre attention ; et leur examen peut nous aider à comprendre un peu mieux la structure même des pièces de Sophocle.

| Assurément, il ne faut point écarter trop vite l'idée que **92** l'homme doit se soumettre au temps.

C'est là ce que des personnages raisonnables ne cessent de recommander au héros. Il est bien vrai que, si celui-ci les écoutait, il cesserait vite d'être un héros ; mais cela ne signifie pas que l'idéal soit pour autant médiocre, ni qu'il ait paru sans valeur aux yeux de Sophocle, dont le caractère aimable et sociable est attesté par tous. En tout cas, quand des personnages s'en réclament pour conseiller l'indulgence et le pardon, on ne saurait voir là rien qui soit ni vulgaire ni bas. C'est ce qui se produit pour Ulysse dans *Ajax*[1]. Au début de la pièce, il se refuse à rire d'Ajax, car il voit dans son sort un signe de la fragilité humaine ; il comprend que, comme le proclame Athéna au

---

1. On pourrait ajouter Déjanire, qui, dans les *Trachiniennes*, parle, elle aussi, pour la tolérance.

vers 132, un jour suffit à abaisser un homme ou à le relever ;
il se dit, par conséquent, qu'il pourrait, lui aussi subir un tel
désastre ; et il n'éprouve que pitié pour son compagnon malheureux. De même, vers la fin de la pièce, sa réaction est toute
d'humanité et de tolérance. Il déclare bien comme Ajax :
« Beaucoup sont nos amis qui nous seront ensuite hostiles » ;
mais il ne tire de cette constatation aucune amertume : elle ne
fait que le rendre plus conciliant, plus prêt au pardon : « Je n'ai
jamais recommandé en tout cas les cœurs inflexibles… », « Il
me sera de ce jour aussi cher qu'il m'était alors odieux ».
Autrement dit, il est tout à fait possible de fonder sur un aperçu
en principe si pessimiste une idée noble et élevée de la soli-
darité humaine : l'homme reconnaît sa propre faiblesse, et son
peu de résistance aux caprices du temps, mais il tire de cette
idée plus de prudence et de patience.

Il y a donc une façon d'accepter le temps et son action qui
constitue comme une défense : en reconnaissant son pouvoir,
on se prémunit contre lui ; et l'on veille à ce que les rapports
humains puissent autant que possible survivre à ses atteintes.

*

Si Sophocle n'avait prôné que cet idéal, il aurait pu être un
écrivain plein de noblesse et un homme de haut mérite ; mais il
n'aurait sans doute pas été un grand auteur tragique.

Le tragique résulte, au contraire, du fait que, dans une
situation donnée, des personnages donnés sont incapables de
93 céder. | Céder serait contre leur nature, ou contre leur honneur ;
en général, leur nature y répugne parce que leur honneur en
aurait à souffrir. Donc, ils refusent. Et le fait est que, si l'on met
à part le chœur et Ulysse, qui ne sont ni l'un ni l'autre des héros

tragiques, aucun des personnages qui évoquent cet idéal de sagesse et de souplesse ne l'applique dans son action. Ajax peut croire ou non en ses déclarations, mais il meurt pour ne pas céder. Déjanire, elle aussi, se déclare prête à céder ; mais elle recourt à un plan pour que son époux lui revienne, et, lorsqu'elle en constate l'échec, elle se donne la mort. Œdipe, à la fin de sa vie, observe avec quelque regret que les hommes se montrent changeants ; mais lui-même n'est pas comme eux : il ne cède pas, ne pardonne pas, ne change en rien. Et si la dernière pièce le concernant, *Œdipe à Colone*, montre bien sa transformation en héros protégé par les dieux et doué de pouvoirs surhumains, elle ne le montre devenu ni un saint, ni un sage : jusqu'à ses derniers moments, ce sont la colère et l'orgueil qui le mènent. Il est donc clair que les héros de Sophocle peuvent bien dire, à l'occasion, que tout change et qu'il faut l'admettre, sans, pour autant, régler leur conduite sur un tel principe : en ce qui les concerne, ils finissent toujours par se raidir en un ultime refus. Ils laissent cette morale de la soumission à d'autres, qui la défendent sincèrement, mais en sont de piètres garants : ce sont d'obscurs membres du chœur, au jugement étroit, comme ceux qui blâment Antigone ; ou bien ce sont des êtres timides, placés aux côtés du héros ou de l'héroïne et destinés, par leur soumission, à mieux faire ressortir la fermeté de l'autre : ainsi Ismène ou Chrysothémis aux côtés d'Antigone ou Electre [1] ; enfin, ce qui est pire, ce sont souvent de sévères tyrans, cherchant en vain à se faire obéir :

---

1. Voir, par exemple, les admonestations d'*Electre* (*Electre*, 330 *sq.*) :
   κοὐδ' ἐν χρόνῳ μακρῷ διδαχθῆναι θέλεις
   θυμῷ ματαίῳ μὴ χαρίζεσθαι κενά.

ainsi Créon dans *Antigone* ou *Œdipe à Colone* ; ainsi encore les deux Atrides [1].

Tout ceux-là prônent la soumission. Mais les héros, eux, n'en veulent pas. Il s'obstinent – c'est-à-dire qu'ils refusent tout changement.

Quand ils doivent agir, ils choisissent de le faire conformément à des règles qui ne sauraient changer. C'est ce qu'Antigone explique fièrement. Elle a désobéi à l'ordre de Créon, parce | que cet ordre était précaire et appartenait au domaine du périssable : « Et je ne pensais pas que tes défenses à toi fussent assez puissantes pour permettre à un mortel de passer outre à d'autre lois, aux lois non écrites, inébranlables, des dieux ! Elles ne datent, celles-là, ni d'aujourd'hui ni d'hier, et nul ne sait le jour où elles ont paru » (453 *sq.*). Ils choisissent aussi de se faire approuver non pas ici, maintenant, mais plus tard, après leur mort : la gloire ainsi acquise est acquise à jamais [2]. Mieux encore, ils préfèrent à celle des vivants l'approbation des morts, parce qu'elle durera toujours ; Antigone le dit dès le début de la pièce. « Ne dois-je pas plus longtemps plaire à ceux d'en bas qu'à ceux d'ici, puisqu'aussi bien c'est là-bas qu'à jamais je reposerai ? » (74-75). Et enfin, s'il le faut, ces héros choisissent la mort. Antigone accepte de mourir, plutôt que de céder. Ajax se suicide, plutôt que de laisser altérer sa réputation, ou modifier son attitude. C'est aussi ce que font Déjanire, Jocaste et bien d'autres. Dans l'ensemble, quelles

1. Par exemple dans *Ajax*, 1077-1078 : « Un homme doit savoir que, quand même il aurait stature de géant, il n'en peut pas moins succomber à un mal de rien ».

2. Cf. *Philoctète*, 1419-1420 ; 1422. Tout cet aspect de l'héroïsme sophocléen est fort bien exposé dans le livre récent de B.M. Knox, *The Heroïc Temper*, principalement au chapitre I.

Le chiffre 94 apparaît dans la marge gauche au niveau du paragraphe commençant par « Créon, parce ».

que soient les circonstances, les héros de Sophocle refusent de changer. Electre, au cours de sa longue et éprouvante attente, reste obstinément la même ; si elle s'endurcit à la longue, elle ne le fait qu'en vertu d'une fidélité passionnée à elle-même[1]. Et, pour Néoptolème, tout le drame se ramène à une seule question : celle de savoir s'il pourra ou non éviter de trahir ses vrais principes, sa vraie nature. Il observe, anxieux, aux vers 902-903 : « Tout est l'objet de répugnance à qui, oubliant sa propre nature, adopte une conduite qui ne lui convient pas » ; et finalement, comme les autres, il choisit d'être lui-même, quoi qu'il doive lui en coûter.

Ce choix, par lequel le héros se résout toujours à refuser l'action du temps et du changement, et qui le conduit à affronter la mort ou le risque de la mort, donne aux pièces de Sophocle leur portée tragique ; et l'on peut dire qu'il rend compte de leur structure profonde. Que l'on prenne Héraclès dans les *Trachiniennes*, Ajax, Antigone, Electre, Néoptolème, ou bien le vieil Œdipe arrivant à Colone, toujours, l'action se centre autour | d'une figure héroïque, que les événements et les **95** interventions successives des uns et des autres cherchent en vain à faire plier ; et chacun de ces événements, chacune de ces interventions, vient se briser en vain contre sa volonté : le héros affronte menaces et dangers, il affronte s'il faut, la mort, dans une solitude croissante, qui peut le conduire au désespoir, mais jamais à l'abdication.

---

1. *Cf.* 1083-1085. Elle désire avant tout conserver sa gloire par-delà la mort (985). – On remarquera d'ailleurs un bel effet d'ironie, lorsque, au moment de son triomphe, elle reprend, s'adressant à Égisthe, les mots que lui adressait Chrysothémis pour l'engager à la soumission ; elle dit en effet, au vers 1464 : « J'ai enfin acquis assez de bon sens pour m'accommoder à mes maîtres » (*cf.* 1013) : ces « maîtres », ou ces « plus forts » ne sont plus les mêmes !

Ce schéma tragique, si aisé à reconnaître dans mainte pièce de Sophocle, n'a rien de commun avec celui des pièces d'Eschyle : il correspond à un nouveau sens du tragique, fondé sur une nouvelle conception du temps. Chez Eschyle, en effet, le tragique naissait de la conscience qu'avaient les hommes d'obéir en aveugles aux desseins souverains de la justice divine. Chez Sophocle, il naît de la conscience qu'ils ont de refuser audacieusement les altérations qu'amène le temps, et auxquelles ils devraient s'adapter. Dans les deux cas par conséquent, le temps représente bien le facteur essentiel. Mais, chez Eschyle, il intervient comme le moyen par lequel les dieux réalisent leur volonté ; chez Sophocle, il constitue la donnée contre laquelle l'homme affirme sa résolution obstinée. Et s'il est une force qui puisse triompher du temps, cette force est pour Eschyle la puissance des dieux, pour qui le passé ne s'efface pas, et grâce à qui s'affirme une cohérence rigoureuse entre ce qui a été, ce qui est, et ce qui sera : au contraire, pour Sophocle, ce dépassement appartient à la seule décision du héros, qui se soustrait délibérément à l'action délétère du temps.

*

C'est là une idée très haute de ce à quoi l'homme peut atteindre. Pourtant, il faut ajouter que les mérites de l'homme peuvent encore s'affirmer d'une manière autre, qui traduit un peu différemment son attitude par rapport au temps. Si, à l'heure du danger ou du désastre, le temps se présente au héros comme une menace et une épreuve, il ne faut pas pour autant négliger qu'à la longue, toutefois, il finit par confirmer la valeur de son action.

Car le temps contribue aussi à établir la vérité. Il fait connaître, au bout du compte, ce que valaient les hommes et les choses. Dans *Ajax*, il était dit que le temps fait voir ce qui restait dans l'ombre, tout comme il cache ce qui brillait au jour ; et cela voulait dire que, de son fait, tout existe, puis cesse d'exister. Mais telle n'est pas la seule façon dont le temps « fait voir ce qui restait dans l'ombre ». Il fait voir, il éclaire : en ce sens, il | permet aux hommes de juger. Ce qui a une fois existé **96** demeure pour nous objet de connaissance. Mais, plus nettement encore, ce qui a survécu ou bien s'est répété reçoit ainsi du temps comme une confirmation ; et ceci s'applique, entre autres, aux conduites humaines. L'on ne sait si quelqu'un est un lâche ou un brave, un ami sûr ou non, que grâce à l'expérience ; on l'apprend à la longue ; on l'apprend avec le temps : *chronô(i)*. De même, quand ont régné à tort les doutes et les mensonges, comment la vérité serait-elle rétablie, si ce n'est après coup et, cette fois encore, avec l'aide du temps ?

Le temps n'est plus alors un maître, dont on peut accepter ou refuser la souveraineté : il devient un témoin omniscient, à qui rien, jamais, n'échappe. Il nous laisse le droit d'agir à notre guise, mais conserve le privilège de révéler, pour finir, si nous avons ou non agi comme il fallait.

Cette idée remonte une fois de plus, à une tradition bien établie en Grèce, et cela dès le VIᵉ siècle. Thalès parlait déjà du temps comme « découvrant » tout. Un peu plus tard, on trouve Solon comptant sur le temps pour révéler s'il était fou ou non, et répétant avec insistance que le temps le « montrera » (*deixei*)[1]. Théognis, de même, dit que les menteurs seront reconnus grâce au temps : « le temps fait apparaître la vraie

---

1. Fr. 8 Hiller :

δείξει δὴ μανίην μὲν ἐμὴν βαιὸς χρόνος ἀστοῖς
δείξει ἀληθείης ἐς μέσον ἐρχομένης.

nature de chacun» (967 : *ekphainei*). Et, si l'on arrive au
Ve siècle, on trouve les formules, de toutes, les plus frappantes
chez Pindare : ainsi lorsqu'il parle du temps «qui seul tire au
clair la vérité exacte» (*Ol.*, X, 53-55) ou lorsqu'il dit des jours
à venir qu'ils sont le plus sûr des témoins[1]. Eschyle lui-même
n'ignore pas cette idée[2]. Après Sophocle, elle est fréquemment
attestée chez Euripide[3], et devient vite proverbiale[4].

97 | Mais, chez Sophocle, elle revêt une importance parti-
culière et un relief caractéristique. On la trouve, d'abord, dans
de nombreux fragments. Ceux-ci disent, par exemple : «Aucun
mensonge, avec le temps, ne prévaut» (59 N = 62 P), «Le
temps dévoile tout et sur tout fait la lumière» (832 N = 918 P),
«Le temps, qui voit et entend toutes choses, les déploie sous
nos yeux» (280 N = 301 P). On la trouve, constamment
présente, dans *Œdipe Roi*, dont elle commande la structure et
où divers personnages l'expriment. Elle figure dans l'avis que
Créon donne à Œdipe, lorsqu'il le met en garde contre les
jugements hâtifs, surtout quand il s'agit d'apprécier un homme
de bien : «Mais cela, il faut du temps pour l'apprendre de façon
sûre. Le temps seul est capable de montrer l'honnête homme,

---

1. *Ol.*, I, 33-34. Voir aussi le fragment 159 Snell = 40 Puech, sur le temps
qui assure le salut des hommes de valeur.

2. Elle intervient pour des points de détail ; ainsi dans les *Suppliantes*, 993,
où il est dit qu'on apprécie avec le temps la société des gens (ἐλέγχεται
χρόνῳ), ou dans *Agamemnon*, 727, où il s'agit du jeune lionceau dont on reconnaît plus tard la nature (χρονισθεὶς δ᾽ ἀπέδειξεν ἦθος τὸ πρὸς τοκέων). La
confiance de l'auteur dans le temps, pour assurer la gloire de son œuvre, est une
idée voisine, mais non pas identique ; elle implique, en effet, la justice, beaucoup
plus que la vérité (de même pour Bacchylide, 13, 204-207) : cf. *infra*, p. 136.

3. Cf. *infra*, p. 143-144.

4. *Cf.* Xénophon, *Helléniques*, III, 3, 2 : συνεμαρτύρησε δὲ ταῦτ᾽ αὐτῷ
καὶ ὁ ἀληθέστατος λεγόμενος χρόνος εἶναι.

tandis qu'il suffit d'un jour pour dévoiler un félon » (613-615).
Mais l'idée prend une portée plus grande quand elle s'applique
au héros lui-même. Et, à cet égard, rien ne saurait être plus
saisissant que la formule du chœur, lorsque tout est enfin
révélé : la dernière strophe du chant qui suit cette révélation
commence par ces mots (1213) : « Le temps, qui voit tout,
malgré toi t'a découvert » [1].

Cette découverte peu à peu effectuée constitue, en fait, le
sujet même d'*Œdipe Roi*. L'action commence dans un climat
d'ignorance et d'erreur, parmi d'injustes condamnations. Puis,
au fur et à mesure qu'elle progresse, l'enquête se poursuit,
fouillant dans un passé sur lequel, peu à peu, est faite la
lumière : il se déploie sous nos yeux, se dévoile : tous les
verbes cités plus haut pourraient décrire ce à quoi l'on assiste.
Dans la mesure où le passé ouvre ici ses secrets, la structure de
la pièce fait un peu penser à celle d'*Agamemnon*; mais, dans
Agamemnon, les faits eux-mêmes étaient connus : seul leur
rapport avec le présent était cherché et pressenti, dans une
exploration angoissée. Au contraire, ici, le rapport avec le
présent est net et connu d'avance : le meurtrier, une fois trouvé,
sera anéanti; et le simple nom de son père entraînera, une fois
trouvé, la perte du héros; mais ce meurtrier, qui est-il ? et ce
père, qui était-il ? Cela, nous ne l'apprendrons que plus tard –
le temps aidant; et cette double découverte laissera le héros sans
recours : « Le temps, qui voit, tout, malgré toi t'a découvert ».

Ajoutons que ce travail de mise à jour et de révélation ne
s'arrête pas là : les faits révélés dans *Œdipe Roi* peuvent laisser
place à l'injustice et à l'erreur : le temps corrigera l'impression
| qu'ils peuvent faire. Ainsi s'explique apparemment que **98**

---

1. Le sens est celui de « convaincre d'une faute » : ἐφηῦρεν; *cf.* 1421.

Sophocle ait lui-même éprouvé le besoin de consacrer, plus tard, à son héros une autre pièce, qui apporte, comme un correctif, l'image de sa mort et de sa gloire dernière.

Cette idée que le temps découvre la vérité n'est pas sans rapport avec la confiance qu'Eschyle plaçait dans le temps, quand il comptait sur lui pour établir clairement les mérites de son œuvre; et par là, elle nous ramène à notre point de départ, en supposant admise une sorte de justice reposant sur le temps. Mais ce rapprochement même aide à mieux mesurer la différence. La justice, en effet, ne s'exerce plus qu'au niveau des jugements humains. Et, pour le reste, le décalage que l'on observe, soit dans la structure même des pièces, soit dans les remarques qu'elles contiennent, montre assez que la doctrine n'est plus ici la même. Certes, nos deux auteurs insistent sur le temps; et tous deux y voient l'origine des malheurs qui menacent l'homme; mais le jour sous lequel le présente Sophocle est un jour tout nouveau : qu'on accepte l'action du temps pour bâtir sur ces fondations un humanisme tolérant, qu'on la refuse héroïquement pour s'affirmer soi-même envers et contre tous, ou que l'on compte sur elle pour rendre témoignage de ce que l'on est, le temps est toujours chez Sophocle une donnée qui ne vaut qu'en fonction de l'homme[1] : il fournit le fonds par rapport auquel se détache, dans sa misère et sa grandeur, la réponse de l'homme aux épreuves qui l'entourent.

*

On remarquera que, cherchant à préciser la pensée de Sophocle sur le temps, nous avons, de proche en proche, été

---

1. Sur les perspectives dans lesquelles peut se situer cette évolution, *cf.* P. Vidal-Naquet, « Temps des dieux et temps des hommes », *Revue d'Histoire des Religions*, 1960, p. 55-80.

amenés à poser avec lui des problèmes d'ordre moral. La prédominance de l'éthique est, en effet, un des traits dominants de l'œuvre de Sophocle. Pourtant, avant d'en finir avec lui, on peut relever une dernière conséquence résultant du décalage des doctrines et portant, cette fois, sur des faits d'ordre psychologique.

Dès lors que Sophocle considère le temps du point de vue humain, admettant de rapides changements dans le sort des êtres ou leurs sentiments, il s'ensuit, tout naturellement, que l'appréciation du temps et de la durée se fait, chez lui, sous le | même angle. Ses personnages vivent, comme ceux d'Eschyle, **99** dans une attente anxieuse – et que l'urgence même ne fait que stimuler. Mais, cette attente ne dure plus pendant des générations ; le temps ne se compte plus à l'échelle de la famille : il se mesure au bonheur, au malheur de chacun. Il devient ainsi une expérience intérieure et proprement psychologique.

Contentons-nous d'un petit détail : on insiste fort, dans *Ajax*, sur la « longue retraite du héros » (193) ; mais cette retraite, qu'a-t-elle duré ? Un jour ou deux, pas plus. Et l'on insiste également sur son long réveil (qui se fait, dit le vers 306, « peu à peu et non sans peine, avec le temps ») ; mais ce réveil et ce retour à la raison n'ont pu être attendus, au plus, que quelques heures. La durée tend donc à devenir subjective ; et Bruno Snell pourrait à juste titre trouver dans cette évolution une nouvelle preuve de ses théories et de ce que le titre de son livre appelle « la découverte de l'esprit » : la durée a dorénavant son siège dans l'âme humaine.

Et c'est bien là que la place le dernier de nos trois tragiques, qui est aussi le plus subjectif. Le temps, chez Euripide, est celui de la vie intérieure.

LE TEMPS DANS L'ŒUVRE D'EURIPIDE

Mon maître Paul Mazon, quand on l'interrogeait sur quelque point de langue relatif à Platon, répondait d'ordinaire, avec un profond scepticisme : « On trouve tout, dans Platon ». On pourrait en dire autant, de façon encore plus justifiée, pour l'œuvre d'Euripide, et, cette fois, non pas tant pour la langue, que pour l'art et la pensée : Euripide à tout essayé, tout abordé. Et cependant, malgré la diversité de son œuvre et le caractère souvent contradictoire des témoignages qu'elle renferme, celle-ci garde toujours une qualité de pathétique qui lui est personnelle et se reconnaît aisément, jusque dans les moindres passages. Cette combinaison qui allie une réceptivité toujours disponible à une originalité intérieure toujours perceptible, se retrouve dans son attitude par rapport au temps. Et elle peut nous servir de fil conducteur, en nous invitant à partir de ce qui est le moins personnel pour atteindre, de proche en proche, ce qui constitue l'essence même de sa conception du temps.

*

Certaines remarques d'Euripide, certaines de ses scènes, voire de ses pièces, semblent, d'abord, se rattacher à la tradition eschyléenne. Cependant, si on les examine, on ne tarde pas à voir que, même dans ces cas-là, l'inspiration profonde n'a plus la même force : la pensée s'est affaiblie, son cadre rétréci, son niveau abaissé ; il ne s'agit plus que de la vie de tous les jours et de l'expérience commune.

La pièce qui rappelle le plus Eschyle, par son thème et son esprit, appartient aux derniers moments de la vie d'Euripide : l'histoire littéraire connaît ce genre de paradoxes, et l'archaïsme peut être une recherche raffinée, à laquelle un auteur a recours, après des essais plus modernes. Le fait est que la tragédie des *Bacchantes* a pour sujet le châtiment qu'inflige un dieu pour | une faute qui fut commise à la génération précédente[1]. Et le chœur, composé des fidèles de Dionysos, y prône avec insistance la notion ancienne, selon laquelle le temps réalise la justice : certaines de ses formules pourraient n'être pas déplacées dans Eschyle. L'une d'entre elles est, à cet égard, bien caractéristique ; on la trouve aux vers 882 et suivants, lorsque le chœur déclare : « La puissance divine se meut avec lenteur ; en revanche, elle est infaillible. Elle demande des comptes à ceux qui pratiquent l'iniquité et dont l'esprit pervers frustre les dieux d'un hommage légitime. Elle dérobe à l'impie par mille ruses la marche du temps et le suit à la piste ». On trouve dans ce texte tout ce que l'on trouvait dans la pensée d'Eschyle : les dieux, la justice, les délais et le temps (il s'agit même de l'expression dont on a vu qu'elle est critiquée dans sa forme, car le grec dit, en fait, « le pieds » du temps)[2]. Il ne

—————

1. Le fait qu'il s'agisse d'une offense personnelle et non d'une faute contre la justice traduit une différence importante entre Eschyle et Euripide. La justice divine, chez ce dernier, n'est pas une vraie justice.

2. Cf. *supra*, p. 75.

manque qu'une chose, mais capitale : c'est l'assentiment intérieur du poète. Car rien, dans la pièce, ne cherche à donner
l'idée que Dionysos agit selon une vraie justice.

Or, c'est ce qui se passe également ailleurs. On trouve,
dans d'autres pièces, des remarques de même type ; mais elles
y prennent le même tour extérieur et surajouté ; et elles restent
sans rapport avec le sens profond des pièces. Dans *Héraclès*
(777 *sq.*) le chœur déclare ainsi que l'homme qui vit dans
l'iniquité ne peut plus envisager les vicissitudes de l'avenir
(mot-à-mot : « le retour du temps ») : « il fracasse le char
funeste de sa prospérité ». Eschyle aurait pu exprimer la même
idée – peut-être en parlant d'un navire, au lieu de parler d'un
char. Mais cette idée, où voit-on, dans *Héraclès*, quoi que ce
soit qui la confirme ? l'effondrement du tyran compte bien peu,
en regard de la folie qui frappe le héros lui-même. Dans *Ion*,
il en va de même : Athéna déclare, en effet : « La justice des
dieux peut tarder, mais l'emporte à la fin »[1] (1614-1615).
Pourtant, cette justice ne se voit nulle part dans la pièce :
aucune faute n'y est punie, aucune vertu récompensée. Et
cette belle déclaration sur le rôle joué par les dieux est mise
seulement dans la bouche d'une déesse.

| Il existe donc un écart entre les remarques isolées et le   **103**
sens profond des pièces, et cette circonstance nous invite à
ne pas surestimer la portée des multiples assertions d'apparence si orthodoxe que l'on trouve dans les fragments. Les
savants anciens étaient apparemment fort épris de morale
et ils se sont empressés de recueillir dans les pièces

---

1. La notion de justice est rétablie dans la traduction française, au nom de
l'intention profonde, mais on notera qu'elle n'est pas formellement exprimée
dans le grec, qui dit seulement : τὰ τῶν θεῶν.

aujourd'hui perdues les citations qui pouvaient servir de maximes. C'est ce qui explique leur nombre. Mais leur portée n'est pas nécessairement en rapport ni avec leur nombre ni avec leur air doctrinal. Dans certains cas, il s'agit de simples avis exhortant à ne point chercher de profits malhonnêtes, qui ne sauraient durer (ainsi dans *Érechthée*, fr. 362,12). Dans d'autres, on souhaite échapper au courroux divin, parce qu'il est puissant, même s'il tarde à agir (ainsi dans *Philoctète*, fr. 800). Il en est qui reprennent les pensées mêmes d'Eschyle : ainsi le fragment de l'*Antiope* qui dit : « La justice, oui, la justice veut du temps ; pourtant elle s'abat sans qu'on l'ait vu venir, lorsqu'elle a trouvé un mortel impie »[1]. Certes, de tels mots pourraient convenir à Eschyle – tout comme pourrait lui convenir la pensée du fragment 510, dont on ignore l'auteur, mais qui déclare : « On ne saurait mal agir et que cela s'ignore : car le temps, qui voit tout, a le regard perçant »[2]. Il serait aisé d'allonger la liste[3]. Mais que conclure de tels témoignages ? Ils sont d'autant moins probants qu'ils nous arrivent sans contexte. Et l'examen des pièces conservées suggère qu'il ne s'agissait, en fait, que de remarques isolées et plus ou moins conventionnelles. Tout se passe, par conséquent, comme si une doctrine, qui avait, à l'origine, animé une pensée vivante au point d'inspirer des pièces entières, s'était ensuite transformée en un thème stéréotypé, ne fournis-

---

1. Fr. 223 N ; on trouve un texte un peu différent dans le papyrus Petrie, vers 30 ; mais le sens est analogue.

2. οὐκ ἔστι πράσσοντάς τι μοχθηρὸν λαθεῖν,

    ὀξὺ βλέπει γὰρ ὁ χρόνος, ὃς τὰ πάνθ' ὁρᾷ.

3. On pourrait citer, par exemple, *Rhésus*, 893, où la formule est très affirmative, mais demeure isolée, dans une tragédie d'authenticité contestée.

sant plus guère que des lieux communs sans portée. Euripide
répète certaines idées d'Eschyle; mais il n'a plus la foi
d'Eschyle.

Et c'est ce qui se passe aussi à propos des leçons du temps.
Euripide en parle, à mainte reprise; mais il ne leur donne plus
le même sens qu'Eschyle. Il abandonne le thème à des personnages médiocres, ou même suspects, qui fondent sur cette idée
une sagesse opportuniste comme la nourrice d'*Hippolyte* ou
le héraut dans les *Suppliantes*[1]. Ou encore il lui donne une
| valeur tout autre, en retenant du temps non plus sa profonde   104
équité mais sa constante variété; la différence se marque bien
dans le mot qu'emploie Euripide pour qualifier ces leçons du
temps: c'est un mot on ne peut plus étranger à la pensée
d'Eschyle; il suggère un temps diapré et divers, dont le dessin
n'a plus de sens; celui-ci est multiple, changeant, plein de
surprises; il est *poikilôtaton*, c'est-à-dire varié et bigarré[2].

Une telle évocation ressemble fort à celle qui menait
d'Eschyle à Sophocle. Et, de fait, on trouve aussi chez
Euripide des thèmes qui se rapprochent, en apparence au
moins, de ceux qui dominent dans l'œuvre de Sophocle.

Pour commencer par ce qui en est l'aspect le plus positif,
on peut signaler qu'Euripide n'a pas manqué de reprendre
l'idée que le temps révèle la valeur de l'homme et porte

---

1. Cf. *Hippolyte*, 252 : πολλὰ διδάσκει μ' ὁ πολὺς βίοτος; mais la
nourrice poursuit en disant que l'on ne devrait pas s'attacher trop aux autres.
De même, la formule des *Suppliantes*, 419 (ὁ γὰρ χρόνος μάθησιν ἀντὶ τοῦ
τάχους | κρείσσω δίδωσιν) signifie seulement qu'il convient de laisser la poli-
tique aux aristocrates. Dans le *Pélée* (fr. 619), les leçons du temps, se ramenant
à l'expérience, n'apportent qu'une sagesse d'ordre purement pratique.

2. *Bellérophon*, fr. 291, 3 :

témoignage de ses faiblesses ou de ses vertus[1]. Le passage
d'*Héraclès* qui, on l'a vu, proclame l'existence d'une justice
divine, déclare aussi, un peu plus loin, que le temps a fait
connaître les mérites éclatants d'Héraclès (805 : *edeixe*). La
scène d'*Hippolyte* où la nourrice insiste, on l'a vu, sur les leçons
du temps, contient aussi, un peu plus loin, une déclaration
de Phèdre, qui, au moyen d'une image un peu artificielle
et recherchée, met en lumière le pouvoir de révélation que
comporte le temps : « Quant aux mortels pervers, le temps les
révèle à son heure, en leur présentant son miroir, comme à une
jeune fille » (430)[2]. Mais on notera que de telles remarques ne
sont pas seulement affaiblies par le caractère parfois inadéquat
de l'expression : en général, elles présentent l'idée sous une
forme assez terre à terre, et les révélations du temps font plutôt
penser à l'enquête policière, telle que la mènent les hommes,
qu'à une force immanente, qui consacrerait la vertu. Tel est le
105   cas dans *Hippolyte* ; d'abord, | le héros se plaint que Thésée
ne veuille pas attendre que le temps l'éclaire : il ne recueille
pas le « témoignage du temps » (1051) : et, plus loin, Artémis
reproche au même Thésée d'avoir jugé « sans enquête, sans
permettre au temps de faire la lumière » (1322). Il s'agit
donc de prendre son temps et de se renseigner, mais non de
laisser faire le temps, grâce à qui, finalement, doit éclater la
vérité. La différence est importante. Peut-être faut-il en tenir
compte, quand il s'agit, ici encore, d'interpréter de simples

1. Il y a aussi une brève allusion au temps divin et aux principes anciens
dans les *Bacchantes*, 895-896 (τό τ' ἐν χρόνῳ μακρῷ | νόμιμον ἀεὶ φύσει τε
πεφυκός), mais il s'agit plus encore de durée que d'éternité ; et, en général,
Euripide préfère insister sur les principes valables « pour tous les Grecs » que
« de tout temps ».

2. Le verbe employé est ἐξέφηνε. Pour l'image, cf. *supra*, p. 68.

fragments. Car il y en a, et en grand nombre, où se retrouve la même idée [1]. Les uns disent que le temps « montre » les choses (*deiknusi*) [2], d'autres qu'il « établit la vérité » (*alètheuein*) [3]. Certains emploient des images, depuis celle du « témoignage » (fr. 60), jusqu'à celles des « exactes mesures » que prends le temps (fr. 303,4), des révélations qu'il fait, ou de la nature « bavarde » qui est la sienne. Les plus poussées de ces images ont été examinées dans un autre chapitre [4]. Mais, ici encore, pourquoi supposer que leur portée était plus grande qu'elle ne l'est dans les pièces qui nous ont été conservées ? Sans doute ces divers fragments visaient-ils, eux aussi, l'établissement de faits exacts : les intrigues d'Euripide, avec leurs savantes combinaisons reposant sur l'erreur ou sur le mensonge, laissaient assez de place à de telles mises au point et à de telles révélations.

La pensée de Sophocle se retrouve donc bien chez Euripide, mais dégradée et affaiblie. Et tout comme on avait vu la foi d'Eschyle en la justice divine s'éteindre et se rétrécir dans l'œuvre de Sophocle, même lorsqu'il y faisait écho, on voit aussi la foi de Sophocle en la vertu humaine se rétrécir et perdre sa force, même quand Euripide semble en reprendre les formules. Il s'agit de survivances. Et ce qui survit n'a plus de vigueur.

En revanche, un autre aspect de la pensée de Sophocle sur le temps se retrouve chez Euripide sans rien perdre de son

1. Voir, en particulier, fr. 60 (*Alexandre*), 112 (*Alopè*), 733, 8 (*Phaethon*). Le second de ces fragments est celui qui parle du caractère « bavard » du temps ; le dernier porte sur une question de fait.

2. 222 (*Antiope*), 303, 4 (*Bellérophon*).

3. 441 (*Hippolyte*).

4. Cf. *supra*, p. 68.

relief[1]. En effet, une fois séparé de la contrepartie optimiste

106 qu'il avait | chez Sophocle, le thème de l'instabilité introduite dans la vie humaine par l'action du temps avait tout pour satisfaire le pessimisme d'Euripide. Aussi l'a-t-il repris à son compte, en renchérissant même sur le caractère brusque et imprévu des changements décrits par Sophocle.

Sophocle disait qu'un court laps de temps suffisait pour de grands changements : Euripide insiste sur l'idée qu'« un seul jour » est largement assez. « Un seul jour » a détruit tout ce qu'avait Hécube (*Hécube*, 285). « Un seul jour » a mis fin au bonheur tant célébré d'Amphitryon (*Héraclès*, 510) : « le destin me l'a ravi, comme une plume qu'un souffle enlève dans les airs, en un seul jour ». C'est aussi qu'« un seul jour » peut élever un homme ou l'abattre. Que nous réserve la durée d'un jour ? C'est ce que demande le chœur, dans *Hippolyte* (369), en s'adressant à Phèdre. Et, de fait, lorsque Phèdre est morte, le jeune homme s'écrie : « Elle que j'ai quittée tout à l'heure, et dont les yeux, il n'y a qu'un instant, s'ouvraient à la lumière ! » (907-908).

En pratique, dans la vie telle que la présente Euripide, n'importe quoi peut arriver, n'importe quand. Plusieurs de ses tragédies se terminent par un petit couplet de conclusion qui insiste sur l'aspect inattendu de tout ce qui arrive à l'homme : « Maintes formes sont prises par le destin, et maints événements inopinés réalisés par les dieux. L'attendu n'arrive pas à terme et à l'inattendu la divinité ouvre passage »[2]. Autrement

---

1. Certains thèmes, il faut se le rappeler, peuvent très bien avoir pris naissance chez Euripide et avoir, ensuite, été empruntés par Sophocle : le rapport établi ici n'est nullement une filiation de fait, mais une relation logique valable pour l'ensemble des deux œuvres.

2. *Cf.*, par exemple, *Alceste*, 1159 *sq.*

dit, le devenir revêt un caractère déconcertant, fuyant, imprévisible. Car c'est bien du devenir qu'il s'agit. Et c'est bien le temps qu'Euripide incrimine comme la cause de ce désordre et de cette instabilité. N'importe quoi peut venir de notre *aiôn*[1] : il « erre toujours en tous sens » (*Hippolyte*, 1109); il est « instable » (*Oreste* 980)[2]. Qui plus est, ses variations sont toujours dues au hasard et les effets en sont toujours douloureux.

Les grandes comparaisons de Sophocle, tout en évoquant le changement, n'excluaient pas, on l'a vu, l'idée d'un ordre supérieur qui échapperait à l'esprit des hommes. Au contraire, chez Euripide, le temps est régi par le hasard, par la *tuchè*. Dans *Hippolyte*, après le départ du jeune homme, que son père vient de maudire, le chœur le précise bien : c'est dans le passage | qui s'achève sur l'expression citée plus haut; il y dit **107** qu'il commence à douter de la providence « à la vue des hasards et des actions humaines. En sens divers se succèdent les vicissitudes, et les hommes voient changer leurs jours au gré d'un éternel caprice » (1106-1110).

De nombreux textes d'Euripide insistent sur la même idée[3]. Et ceux auxquels étaient empruntées les expressions citées plus haut sont souvent, à cet égard, particulièrement explicites. On peut en reprendre certains : on constate que, partant de réflexions que n'eût pas désavouées Eschyle, ils s'orientent presque aussitôt dans un sens que celui-ci ne leur

---

1. Cf. *Héraclides*, 898-900 (le passage où Αἰών est fils de Chronos, ou de Kronos : *supra*, p. 51).

2. Les mots grecs sont, dans ces deux passages, πολυπλάνητος et ἀστάθμητος.

3. Cf. 304, 4 (*Bellérophon*) :
τὸ μὲν μέγ᾽ εἰς οὐδὲν ὁ πολὺς χρόνος
μεθίστησι, τὸ δὲ μεῖον αὔξων.

eût jamais donné, et qui consiste à dégager, dans les revirements qu'apporte le temps, un facteur de hasard et une cause de misère.

C'est ce qui arrive dans *Oreste*. Le passage où il est dit que notre *aiôn* « erre en tous sens » commence par une plainte sur la race de Pélops, et sur les maux qui la poursuivent. Electre évoque la prospérité passée ; elle évoque la jalousie du ciel. Mais bientôt la pensée s'oriente vers l'instabilité universelle : « Las ! Race digne de toutes les larmes, éphémères douloureux, voyez combien sont imprévues les démarches du destin ! Variant avec chacun, les calamités se succèdent dans la longue durée du temps : la vie entière des mortels n'est qu'instabilité »[1].

Dans *Héraclès*, de même, Amphitryon se plaint du grand retournement qu'a subi son destin. Si c'était Eschyle, il chercherait sa faute. Si c'était Sophocle, il dirait que chacun est tour à tour puissant ou faible. Comme c'est Euripide, il dit : « Le temps ne s'occupe pas de réaliser nos espérances ; il fait son œuvre et s'envole. Voyez mon exemple ; mon bonheur tant célébré attirait vers moi les regards de tous, et le destin me l'a ravi, comme une plume qu'un vent soulève dans les airs, en un seul jour. La haute fortune et la gloire ne sont, que je sache, assurées à personne » (506-512)[2]. Ainsi l'éclat d'Amphitryon a sombré dans un désastre. Mais c'est parce que tout éclat sombre un jour ou un autre, que rien ne dure, que rien n'est

---

1. 976 *sq.* On remarquera la double série des mots marquant misère et instabilité : πολύπονα-πήματα, d'une part ; παρ᾽ ἐλπίδας, ἀμείβεται, ἀστάθμητος, de l'autre.

2. L'idée d'apprécier chaque jour qui passe sans apporter de souffrance est exprimée dans le contexte ; elle est plus pessimiste que le conseil d'en profiter, dans les *Perses* d'Eschyle (840) ; cf. *Suppliantes* d'Euripide (953).

stable. Son malheur n'est point une épreuve qui lui soit réservée ni qui | possède un sens; et sa souffrance n'est point le **108** fait d'une destinée héroïque. Tôt au tard, tous les biens, dans le théâtre d'Euripide, sont retirés à qui les avait [1].

Le poète fait sans doute de louables tentatives pour dire, ici ou là, que seuls sont éphémères les biens mal acquis, ou les vaines richesses. Ainsi lui arrive-t-il de déclarer, dans *Electre*, qu'une nature bonne échappe au changement (941 : «Ce qui dure, c'est la nature de l'âme, et non pas l'or ») ; et l'on pourrait voir là comme une consolation, traduisant une sorte de stoï-cisme avant la lettre. Mais cette remarque même est prise entre deux développements, consacrés l'un et l'autre au caractère instable de tous les biens humains; et elle ne fait que leur donner, par contraste, un relief plus grand [2] : ce sont ces déve-loppements qui donnent la note, eux qui comptent et sont rete-nus. Et d'ailleurs, cette qualité durable de la vertu est-elle une consolation qui tienne? Euripide ne semble guère en être convaincu. Le chœur de l'*Héraclès* marque sur ce point son peu de conviction. Il n'y croit pas. Il dit : «Mais aujourd'hui nulle distinction certaine n'est marquée par les dieux entre l'honnête homme et le méchant, et dans le cours changeant qui emporte le monde, il n'y a que la richesse qui toujours resplen-disse » (669 *sq.*). Et d'autres textes, plus pessimistes encore, estiment que la noblesse elle-même subit les fluctuations attei-gnant la richesse : la noblesse « tient à l'argent », « elle vient à

1. *Cf.* fr. 273, 2 (*Augè*), qui se termine par la triste remarque : « Et personne n'est heureux jusqu'au bout ».

2. Le premier dit que la richesse disparaît «après avoir fleuri pendant un temps bref », la seconde que la richesse sans justice ne dure qu'«un temps bref ».

tour de rôle, l'un la possède, et l'autre non » et « de la garder plus longtemps fait de vous un homme noble » (fr. 22,5).

Cette impression d'instabilité est donc la même que chez Sophocle ; mais elle n'a pas la même couleur. Tout d'abord elle a perdu cette contre-partie positive que constituait l'héroïsme humain, avec la gloire pour récompense. Mais, en plus, elle a perdu la majesté dont elle était revêtue : elle ne suggère plus qu'un désordre épuisant et démoralisant, où les changements semblent plus incessants, plus imprévus, et, pour employer un mot moderne, plus absurdes.

Cela ne saurait nous surprendre. En effet, l'évolution entre Eschyle et Sophocle nous avait paru s'expliquer par une différence de point de vue – l'un considérant le temps du point de vue des dieux, l'autre s'intéressant plutôt à son action sur **109** l'homme et à | la réaction que l'homme lui oppose. Mais, s'il en est ainsi, la même évolution n'a fait que se poursuivre pour mener jusqu'à Euripide. Le temps, chez ce dernier, n'est plus envisagé qu'en fonction des sentiments humains, de la joie et de la souffrance. Seuls ceux-ci sont au premier plan. C'est bien pourquoi le mot même de désordre ne suffit pas à lui seul et qu'il s'agit, nous l'avons dit, d'un désordre épuisant ou démoralisant. L'action du temps devient une expérience de nature affective. Le temps, chez Euripide, relève de l'ordre émotionnel.

*

Les émotions humaines peuvent être de toutes sortes. Elles varient avec les individus et avec les circonstances. Elles épousent le rythme du temps et se conforment aux couleurs du moment. Qui plus est, elles ne sont plus seulement commandées par la seule évolution de l'action en cours; elles suivent toutes les oscillations de l'expérience quotidienne. Aussi la durée que considèrent les personnages ne se mesure-t-elle plus qu'en termes subjectifs : s'il s'agit de l'avenir, l'impatience ou la peur en sont les seuls critères; s'il s'agit du passé, le soulagement ou le regret dictent seuls leur appréciation.

Dans le premier cas, ce changement de perspective semble se traduire par une sorte d'affaiblissement : l'espérance et la crainte avaient été décrites par Eschyle de façon particulièrement forte; Sophocle en avait évoqué le jeu avec un rare pouvoir dramatique; au lieu de cela, Euripide les fait intervenir un peu partout, leur donnant un champ plus varié, mais une intensité moindre – un peu comme si le souffle continu, qui soulevait des tragédies entières, s'était à présent brisé en mille petites vagues, courtes et pressées. Mais pourquoi mesurer ici l'émotion à ses causes? Le propre d'Euripide est justement qu'il fait l'inverse. Les émotions d'Eschyle devaient tout leur relief à l'importance suprême de ce à quoi elles s'attachaient; au contraire, pour Euripide, l'enjeu n'a plus d'autre importance que celle que chacun lui confère; et le temps n'est long ou court qu'en fonction de ce que l'on sent. Pratiquement, les remarques faites sur lui tendent à un seul but, qui est de traduire l'émotion de celui qui parle; et elles n'ont de portée que d'un point de vue tout subjectif.

«Le temps est long, déjà, depuis le moment où...» : la formule pourrait ouvrir une de ces grandes méditations d'Eschyle, où la majesté de la forme s'accorde à l'ampleur du sujet. Elle | pourrait aussi convenir à l'un de ces appels **110** pathétiques où Sophocle semble mettre à l'épreuve la dure

attente de ses héros[1]. Mais, dans Euripide, elle ne fait qu'affirmer la hâte du tyran, qui trouve que ses victimes sont bien
lentes à se préparer (*Héraclès*, 702-703 : « Il vous faut bien
longtemps pour vous parer des habits et des ornements
funèbres »). Il s'agit donc d'un temps, à vrai dire, fort bref.
Et la remarque traduit seulement la cruelle impatience de
Lycos, ce qui donne à la menace un caractère d'urgence
accrue. Lycos n'est du reste pas le seul pour qui le temps presse
à ce point. Mégara, sa victime, sait bien que tout délai laisse
place à l'espoir ; pourtant, son espérance participe de la même
urgence : « Mais l'attente est cruelle et déchire mon cœur »[2].
Quand les personnages parlent du temps, ils ne font que décrire
leurs sentiments.

Et, bien souvent, Euripide s'attache à évoquer cette
impatience, parce que c'est elle qui engage toute l'action.

Il le fait pour les soldats d'Aulis, incapables de tenir en
place. Il imagine leurs mots, leurs plaintes et leurs questions :
« Achille, qu'attendons-nous ? Combien de temps encore
devrons-nous voir passer avant de partir pour Troie ? » (*Iph.
Aul.*, 815). Il le fait également dans des cas plus tragiques
et semble prendre un véritable plaisir littéraire à décrire
l'impatience des désirs qui mèneront l'homme à sa perte :
« Mène-moi sur le champ : je t'en veux de tarder », s'écrie ainsi
Penthée dans les *Bacchantes*, quand il demande à Dionysos de
l'emmener sur la montagne, où il trouvera la mort.

---

1. L'expression employée (χρόνος γὰρ ἤδη δαρός) peut être comparée
avec ce que dit Ajax (*Ajax*, 414) :

    πολὺν πολύν με δαρόν τε δὴ
    κατεῖχετ' ἀμφὶ Τροίαν χρόνον.

2. *Héraclès*, 94 : ὁ δ' ἐν μέσῳ με λυπρὸς ὢν δάκνει χρόνος.

En fait, n'importe quel délai semble trop long au regard de notre émotion, et l'impatience joue surtout à brève échéance. Aussi, l'on trouve dans les tragédies d'Euripide de nombreux passages exprimant l'impatience liée à l'espoir ou à la crainte, sans que mention soit faite du temps; et, inversement, on y trouve des passages faisant mention du temps, sans qu'aucune longue durée soit en cause. Les uns et les autres traduisent le rythme même de la vie, toujours emporté par l'urgence; et le temps se confond avec ce rythme tout subjectif. Pour revenir à *Iphigénie*, on peut rappeler par exemple la façon dont Clytemnestre apparaît, attendant son époux qui tarde à revenir : elle l'attend depuis peu, mais, comme tout dépend de son | retour, elle guette et se plaint : « Il y a longtemps qu'il est 111 absent », dit-elle (1099 : *chronion*).

Tous ces personnages qui sont absents « depuis longtemps », dans Euripide, attisant ainsi l'espoir ou le souci, servent à justifier les entrées, les sorties, les démarches dans lesquelles se lancent les uns et les autres. « T'ai-je alarmée par la longueur de mon absence ? » demande Xouthos à sa femme, dans *Ion* (403). « Que dirai-je, si mon absence se prolonge ? », demande la servante dans *Andromaque* (84). « J'ai peur : il est absent depuis longtemps », déclare le chœur dans *Rhésus* (559). Depuis les grandes passions jusqu'aux menues impulsions de l'action pratique[1], cette appréciation affective est partout la même. Elle montre comment les personnages dépendent les

---

1. Même l'agencement et l'interdépendance des actions diverses reposent sur des calculs de temps et sur des impatiences : ainsi, dans *Ion*, lorsque le père explique ce qu'il faut faire s'il tarde (1130 : s'il reste « pendant un long temps ») : ces petites notations nous mènent bien loin d'Eschyle. Pour ce rôle pratique des rapports chronologiques, cf. *supra*, p. 33.

uns des autres et réagissent sans cesse à leurs démarches respectives.

Elle montre également que le temps n'est rien en lui-même. Il s'étire ou se rétrécit au gré de nos désirs et de nos craintes. Un malade sera impatient de marcher : « Veux-tu poser les pieds à terre, depuis si longtemps que tu n'as marché », offre Electre dans *Oreste* (234 : *chronion*). Une femme qui ne dort pas trouvera la nuit longue et parlera, avec Phèdre, des « longues heures de la nuit » (*Hippolyte*, 375)[1].

Cette qualité toute affective du temps apparaît encore plus nettement quand un contraste s'établit entre le présent et le passé. Et, dans la peinture que fait Euripide des émotions, ce rappel du passé prend une grande importance.

On le voit dans la façon dont il évoque le soulagement. De longues scènes, dans son théâtre, ne sont que des variations sentimentales sur la simple idée que peut traduire le mot « enfin ! ».

La justice est venue – enfin ! C'est ce que pense Alcmène quand elle s'écrie, dans les *Héraclides*, que Zeus a été « bien long à visiter ses maux » (869 : *chronô(i)*), et que son ennemi est « tombé enfin aux mains de la justice » (941 : *chronô(i)*).

Mais Euripide insiste plus encore quand il s'agit de retrouvailles, | où des êtres chers ne se lassent pas de dire un soulagement qui se mesure à l'impatience de leur attente passée. Dans ce cas, l'idée de « enfin ! » fuse en mille exclamations et commentaires, en mille évocations passionnées de ce que fut leur longue séparation.

112

---

1. Sur cette expression, cf. *supra*, p. 60, n. 2. Nous ne mentionnons pas ici les textes où χρόνῳ signifie seulement « après un certain temps » (comme dans *Hippolyte*, 1181).

On trouve une scène de ce genre dans *Electre*, lors de la reconnaissance entre Electre et Oreste, «Enfin, je te revois, je t'ai, bonheur inespéré!» s'écrie Electre (578 : *chronô(i)*). «Enfin tu es à moi!» répond Oreste (579 : *chronô(i)*). Et ils rappellent tous leurs doutes passés, quand ils n'osaient croire à ce bonheur. Pourtant, il est là : «Tu es venu, tu es venu, jour longtemps désiré!» commente le chœur (585 : *chronios*). Et plus tard, après la vengeance, Electre, dit de même qu'Égisthe a été confondu, «enfin» (952 : *chronô(i)*). Ce soulagement, qui remplit la fin de la pièce, ne comporte qu'une ombre; et la façon dont elle est mentionnée prend un tour caractéristique : Oreste, hélas, doit repartir, après avoir – «enfin» – retrouvé sa sœur (1308 : *chronian*).

Dans le cas de retrouvailles entre deux époux, l'émotion est décrite avec encore plus d'insistance. Hélène retrouve Ménélas, «enfin» (566 : *chronios*). Il est vrai qu'un délai intervient encore avant qu'ils puissent comprendre ce qui a pu se passer. Mais, cela fait, on a une scène entière d'heureux soulagement. «Jour longtemps désiré!», s'exclame Ménélas[1]; et Hélène répond : «le temps me fut bien long, mais je connais enfin la joie» (625). Ils se laissent dès lors aller à de tendres émois, revenant sur leur joie et sur cet époux «attendu si longtemps» (645 : *chronion*). L'impatience d'antan est ainsi rappelée pour rehausser leur joie présente. Et c'est un procédé que l'on retrouve à la fin de la pièce, quand le roi s'imagine qu'il va, «enfin», devenir l'époux d'Hélène (1232 : *chronia*), ou quand le chœur évoque le retour qui ramènera «enfin» Hélène vers la Grèce (1468 : *chronô(i)*).

---

1. Le mot «longtemps» ne figure cependant pas dans le texte grec.

Le retour de Polynice est salué, dans les *Phéniciennes*, par des « enfin ! » aussi nombreux. Antigone brûle de l'embrasser « enfin » (166 : *chronô(i)*). Le chœur s'écrie, en une exclamation de joie : « Tu es enfin rentré au pays de tes pères » (295 : *chronô(i)*). Jocaste y met bientôt plus d'insistance encore : « Oh ! mon enfant, enfin, après des jours sans nombre, j'aperçois donc tes traits » (305 : *chronô(i)*). Quant à Polynice, il pleure d'émotion quand il revoit « enfin » le palais familial (367 : *chronios*). Puis s'ouvre, | entre sa mère et lui, une longue scène de questions et de souvenirs sur son absence passée et le désir de ce retour [1].

Les exemples de ce genre d'évocations sont, certes, trop nombreux pour qu'on puisse songer à en dresser la liste [2]. Il règne, en effet, dans toutes les pièces d'Euripide, une sorte d'émotion continue, qui amène souvent les personnages à se replier sur eux-mêmes, attentifs avant tout à ce qu'ils éprouvent, et à se tourner sans cesse vers un passé, qui nourrit à lui seul leur joie ou leur tristesse. Certains finissent même par s'attendrir sur ce passé enfui ; et, là encore, l'idée de temps alimente leur nostalgie : ainsi Créuse, retrouvant le tissu jadis sorti de ses mains, s'écrie : « Ô vieil ouvrage de mes doigts de jeune fille ! » (1425 : *chronion*).

---

1. Voir également 1043 : χρόνῳ δ' ἔβα.

2. Ainsi dans *Iphigénie en Tauride*, 258 (χρόνιοι γὰρ ἥκουσ'), *Oreste*, 475 (χρόνιος εἰσιδὼν φίλον) et 485, ou encore *Iphigénie à Aulis*, où les exemples sont assez nombreux : à 419, Oreste est enfin amené à son père (χρόνον παλαιὸν δωμάτων ἔκδημος ὤν) ; à 636, Iphigénie aspire à embrasser enfin son père après une longue séparation (διὰ χρόνου) ; à 640, elle se réjouit de le revoir enfin (πολλῷ χρόνῳ) ; à 660, elle regrette sa longue absence (πολὺν ἀπῆσθά χρόνον).

Dans les textes cités ici, on aura remarqué la fréquence de cet adjectif *chronios*, signifiant « qui vient après longtemps » : le choix même de ce mot est assez révélateur. Qu'Euripide l'aime n'est pas douteux ; et les chiffres sont là pour en faire la preuve : Eschyle l'emploie deux fois, Sophocle quatre, Euripide, vingt-neuf fois. Et il correspond bien à une tendance de notre poète. Car, en reportant l'idée de durée sur une personne ou un événement, il projette, en définitive, la couleur affective d'un sentiment sur la personne ou l'événement qui en sont l'objet : il attribue aux choses les dimensions de notre émotion[1].

Cette habitude qu'ont les personnages d'Euripide de s'attendrir au souvenir du passé prend d'ailleurs un tour plus marqué encore dans le cas d'événements malheureux. La tendance qui les pousse à se replier sur leur peine aboutit alors à une sorte de plainte sur tout ce qui a cessé d'être – plainte qui est on ne peut plus caractéristique de la sensibilité d'Euripide. Andromaque ressasse ainsi les souvenirs de Troie et de sa vie | antérieure ; en mot-à-mot[2], elle dit : « on enviait dans le temps **114** le sort d'Andromaque : aujourd'hui elle est, de toutes, la plus malheureuse des femmes » (5). Hécube s'afflige de même à se remémorer le contraste ; elle est devenue compagne d'escla-

---

1. Cette coloration affective peut, naturellement, être plus ou moins marquée : elle est pratiquement absente dans *Electre*, 1157. On notera d'autre part que l'adjectif peut signifier aussi « durable », « prolongé » : par un trait assez caractéristique, c'est le sens qu'il revêt normalement chez Pindare.

2. La traduction de la collection des Belles Lettres a ici été légèrement modifiée, de façon à garder quelque chose du relief qu'a l'expression grecque : tous les mots employés contribuent à un effet d'insistance, que leur place relève encore, donnant ainsi au contraste un caractère vraiment pathétique :

ζηλωτός ἔν γε τῷ πρὶν Ἀνδρομάχη χρόνῳ, νῦν δ' …

vage des Troyennes, sur qui autrefois elle régnait (61); et elle
répète : « J'étais reine autrefois : me voici ton esclave; j'étais
heureuse en fils : aujourd'hui me voici vieille et sans enfants »
(809-810). Les mêmes réflexions conduisent Polyxène à son
geste héroïque : « J'étais souveraine, moi l'infortunée ! des
femmes de l'Ida… Et aujourd'hui je suis esclave » (357) : un
tel contraste lui fait accepter la mort. Dans les *Troyennes*, le
contraste est plus marqué encore et le pathétique se déploie
sans réserve, lorsque la vieille Hécube évoque, devant le corps
meurtri du jeune Astyanax, les douces habitudes de l'enfant
naguère vivant. Le rappel du passé se fait d'une cruauté à peine
soutenable. Car elle rappelle tout : la façon dont sa mère arran-
geait ses cheveux, entre deux baisers, comment elle-même,
Hécube, se plaisait à reconnaître en lui les traits de son père,
comment il se vantait, plein de promesses, comme font les
enfants, et surtout comment elle le caressait, le regardant
dormir : tout cela « s'en est allé » pour elle. Et l'on peut remarquer que, dans les deux mêmes pièces, lorsqu'Euripide a voulu
suggérer l'horreur de la soudaine prise de Troie, il n'a pas
cherché à en décrire directement les effets, comme aurait fait
Eschyle : il a pris soin de rappeler, pour marquer un contraste,
les souvenirs heureux de la paix qui régnait avant. Dans
Hécube, les femmes évoquent dans leur chant cette soirée
intime, où elles arrangeaient leur coiffure devant leur miroir,
pendant que leurs maris se reposaient, étendus dans la chambre;
dans les *Troyennes*, elles évoquent les fêtes et les danses – puis
soudain les cris et le meurtre. Et, dès lors, rien ne subsiste de
l'heureux passé, qui s'en est allé [1].

---

1. Le chœur emploie plus loin φροῦδος avec une ironie amère : il dit, en
effet, à Zeus que les victimes des sacrifices sont désormais finies pour lui
(1071 *sq.* : φροῦδαί σοι θυσίαι…).

Comme on le voit, l'évocation du passé contribue largement à rehausser le pathétique. Euripide, en effet, était bon
psychologue : | il savait que la joie et la douleur sont complé- **115**
mentaires et qu'à être juxtaposées, elles se renforcent l'une
l'autre. Du reste, il n'a pas manqué de rappeler, à l'occasion, la
vieille observation qu'il n'est pire misère que celle qui tranche
sur un bonheur. Ce n'était pas là une réflexion neuve, ni originale[1] ; Thucydide en dit autant dans l'Oraison funèbre qu'il
prête à Périclès[2]. Mais il est assez caractéristique d'Euripide
d'avoir voulu le rappeler et d'avoir été jusqu'à dire qu'il vaut
mieux un malheur qui soit continu[3]. En tout cas, il est certain
qu'il a pris soin de rehausser les émotions de ses personnages
en insistant sur de tels revirements, et, souvent, en les com-
mentant. Dans les *Héraclides*, Iolaos se compare, lui et les
enfants, à des marins en lutte contre la tempête : ils ont cru
toucher terre, être sauvés, et juste à ce moment, par un brusque
retour des choses, ils sont renvoyés vers les périls de la haute
mer ; il se plaint ; il dit : « Hélas, pourquoi me charmais-tu
alors, cruel espoir, si tu ne devais pas achever tes faveurs ? »
(433-434).

L'espoir passé rend plus amère la déception, la crainte
passée rend plus doux le soulagement. Le théâtre d'Euripide,

---

1. Pindare (*Pythique*, IV, 291) introduit déjà l'idée avec φαντί (« l'on dit
que … »). Le thème a été repris dans une discussion qui se poursuit d'âge en âge.
La pièce de Musset, *Souvenir*, commence ainsi par une référence à Dante :
« Dante, pourquoi dis-tu qu'il n'est pire misère Qu'un souvenir heureux dans
les jours de douleur… » : il renvoie là au Chant V de l'Enfer, vers 119-120, qui
sont eux-mêmes repris de Boèce.

2. II, 44, 2.

3. *Iphigénie en Tauride*, 1117-1122 ; *cf.* fr. 285, 15-20.

tout entier centré sur le pathétique, trouve donc là un de ses ressorts. Et cette circonstance explique deux traits fondamentaux dans la structure de ses tragédies.

Tout d'abord elle explique l'importance qu'y prennent les «coups de théâtre». Le «coup de théâtre» est, en effet, un événement qui survient en surprise, à la toute dernière minute, quand l'anxiété a été prolongée jusqu'au point où l'on perd espoir. Alors, seulement alors, au dernier moment, arrive le sauveur ou la révélation qui permet d'arranger les choses. Le salut revêt, dans ce cas, un caractère de pathétique aussi intense qu'il est possible.

Et la même circonstance explique encore un autre trait – à savoir la façon dont Euripide a, dans ses tragédies, multiplié les retournements, ou, comme on dit, les péripéties. Iolaos et les enfants d'Héraclès avaient perdu espoir; ils sont alors sauvés, puis perdus à nouveau, et puis encore sauvés. Notre sympathie | épouse les hauts et les bas de leurs émotions; elle en subit à chaque fois le contre-coup et s'en trouve renforcée d'autant. Et, plus l'action devient complexe, au fur et à mesure de la carrière littéraire d'Euripide, plus aussi cet effet se trouve mieux atteint. Alors que le tragique d'Eschyle se fondait sur le sentiment d'une vaste continuité et que celui de Sophocle se ramenait à un conflit unique, nettement mis en relief, le tragique d'Euripide implique une succession d'événements, dont chacun amène avec lui un nouveau retournement de situation. La conception du temps qu'ont les différents auteurs commande donc très exactement la structure de leurs tragédies.

Il ressort de cette étude que cette conception est, pour Euripide, d'ordre psychologique. Elle le mène à se pencher sur l'émotion; et c'est dans l'émotion qu'elle se fait jour. Car toute notre vie intérieure, faite d'espoir et de regret, de crainte et de soulagement, est intimement liée à la notion de temps; et l'expérience que nous avons du temps est elle-même d'ordre affectif.

Il est aisé de mesurer tout ce que la psychologie gagne à cette nouvelle orientation. On pourrait même dire qu'avec elle c'est toute la psychologie moderne, avec ses ressources complexes, qui, d'un coup, est venue au jour.

Ce progrès est l'envers d'un renoncement philosophique; et cela se comprend : car ce qui a été perdu pour la réflexion théologique ou pour la méditation sur les lois de l'univers est autant de gagné pour l'étude de l'homme, de ses passions, de ses épreuves. La psychologie va de pair avec le pessimisme en matière religieuse.

*

Cela ne veut pas dire que la psychologie exclue nécessairement tout optimisme. Et l'on peut se demander, si, pour Euripide du moins, elle n'apportait pas aussi un élément de consolation. Autrement dit, on peut se demander si son œuvre ne suggère aucun moyen d'échapper à ces oscillations perpétuelles auxquelles nous condamne le temps. N'y a-t-il, pour lui, aucun remède, aucune issue ?

Par un paradoxe admirable, il semble que le temps puisse, dans son théâtre, devenir un consolateur – et cela précisément parce qu'il y est considéré sous un angle psychologique.

À vrai dire, l'action consolatrice qui peut être celle du temps n'intervient dans les tragédies que de façon assez limitée : la tragédie est par nature consacrée à une crise, qui ne comporte | ni trêve ni apaisement avant sa conclusion. Pourtant, 117 il peut y avoir des allusions, suggérant, au passage, que l'on peut espérer, un jour, une amélioration. Et c'est ce qu'en effet nous apporte Euripide : on trouve, dans son théâtre, deux sortes d'indications par où se laisse entrevoir une consolation possible : les unes et les autres rappellent Sophocle, mais avec des nuances quelque peu différentes.

Tout d'abord, si tout change et se modifie, on peut espérer que les passions qui font notre malheur vont, elles aussi, se modifier.

L'idéal, à coup sûr, serait une vie d'où les passions seraient absentes et qui s'adapterait, sans drame, aux circonstances. Une telle sagesse ressemble à celle que, parfois, Sophocle a pu recommander. Et Euripide en a repris l'éloge : il lui a simplement donné un tour un peu hédoniste, qui prête à l'expression un caractère plus personnel. On peut en citer pour preuve le passage d'*Hippolyte* où le chœur déclare : « Puissé-je, avec une souple conduite, changeant du jour au lendemain, toute ma vie jouir de la félicité » (1117)[1].

Une « souple conduite » est ici une règle de vie ; ce peut aussi devenir une raison d'espoir. Car si tout change avec le temps, même les sentiments humains, pourquoi cette mobilité ne porterait-elle pas en elle-même un remède possible ? Et pourquoi le changement, qui est la cause de nos souffrances, ne pourrait-il y mettre fin ? Le mal et le remède auraient alors une même origine, tous deux venant des réactions psychologiques de l'homme soumis à l'expérience du temps.

Un changement brutal fait souffrir, mais le temps qui passe guérit. Sophocle faisait du temps le sujet du verbe *marainein* (« consumer, réduire à néant ») : Euripide en fait à plusieurs

---

1. La notion de temps est directement présente en grec :
   ῥᾴδια δ᾽ ἤθεα τὸν αὔριον μεταβαλλομένα χρόνον αἰεὶ
   βίον συνευτυχοίην.

reprises celui du verbe *malassein* («assouplir, apaiser»). Deux personnages emploient ce verbe pour suggérer à Admète que le temps allégera sa peine: «Le temps t'apaisera», lui dit Alceste au vers 381; «Le temps adoucira ta plaie, encore fraîche», lui dit Héraclès au vers 1085. Et le même verbe revient dans *Oreste*, pour une colère prête à s'apaiser: «J'imagine d'ailleurs que même après un début de violence, il adoucira ensuite sa fureur» (1201).

Avec le temps, en effet, il n'est rien qui ne puisse s'émousser, | s'atténuer. Avec le temps, les hommes oublient. **118** Et l'on peut dire qu'il y a chez Euripide une véritable philosophie de l'oubli.

L'oubli guérit la souffrance. Et Sophocle, en particulier, a parlé de l'oubli des chagrins [1]; il a même employé deux fois un adjectif composé assez remarquable, *lathiponos*, qui signifie précisément «oublieux du chagrin» [2]. Mais l'idée s'applique toujours, dans son théâtre, à une courte trêve après une crise aiguë [3]. Euripide, lui, n'ignore pas cet aspect subit et exceptionnel (pas plus qu'il n'ignore la possibilité de chercher l'oubli dans la mort [4]); mais il évoque aussi l'oubli qui vient avec le temps. Sans doute, celui-ci ne peut-il guère se présenter

---

1. Voir aussi Pindare, *Ol.*, II, 17 *sq.*, où l'intervention de λάθα amène l'extinction de la peine; mais l'oubli est ici dû à la faveur des dieux. Le mot λήθη n'apparaît pas chez Eschyle.

2. *Ajax*, 711, *Trachiniennes*, 1021.

3. Aux exemples cités on peut ajouter *Philoctète*, 878 et les fragments 238, 2 (où la cause de l'oubli est un discours) et 375, 2 (où le texte dit «même pour un bref moment»).

4. Pour cette trêve en général, voir *Oreste*, 213 (où la cause de l'oubli est le sommeil) et les *Bacchantes*, 282 (où il est apporté par le vin); probablement aussi le fragment 342. Pour l'oubli qu'apporte la mort, voir *Suppliantes*, 86.

dans le cadre même de la tragédie[1] : du moins peut-il apparaître à distance, sous la forme d'une espérance timide, en un
avenir encore lointain. Clytemnestre en suggère la possibilité
dans *Iphigénie à Aulis*, quand elle dit, à propos du chagrin des
parents qui voient s'en aller leurs enfants : « Sous l'effet de
l'usage, avec le temps, on verra ce chagrin se dessécher sur
place » (694)[2].

Il en va de même pour l'erreur ou pour la colère : elles
aussi, on les oublie. Les passions ne durent pas toujours, dit le
fragment 799 ; donc, le temps invite à réfléchir et permet de se
corriger. Médée prétend à tort qu'elle est ainsi devenue sage.
Elle ment ; mais ce qu'elle dit est en soi plein de vraisemblance ; et quand elle déclare à Jason qu'elle renonce enfin à sa
colère (904 : *chronô(i)*), il y croit et la félicite : « Mais ton cœur
a changé pour | l'avis le meilleur ; tu as reconnu – avec le
temps, il est vrai – le parti qui l'emporte » (912 : *tô(i)
chronô(i)*). La chose était, en effet, normale. Et chacun peut,
avec le temps, devenir plus clairvoyant : comme le dit Héraclès
à Admète « Avec le temps, toi aussi tu m'approuveras peut-
être » (*Alceste*, 1036 : *chronô(i)*).

---

1. La tragédie ne laisse pas de place pour l'apaisement. En revanche, les
souffrances passées y sont ravivées par le spectacle des nouvelles : ainsi dans
l'*Electre* d'Euripide, 504, que M. Delcourt traduit : « Mais pourquoi pleures-tu, vieux
père ? Est-ce de me revoir après longtemps, mes peines ravivant les
tiennes ? ».

2. L'oubli est évoqué comme un recours possible, même lorsque les
données de la légende semblent devoir l'exclure ; ainsi dans les *Phéniciennes*, il
est dit à deux reprises que les fils d'Œdipe avaient espéré, en enfermant leur
père, faire que tout soit oublié (64 *sq.* et 872 *sq.*, où les termes employés sont :
συγκαλύψαι …χρόνῳ). Voir aussi Critias, *Incert. Fab.*, fr. 2 : χρόνος ἁπάσης
ἐστὶν ὀργῆς φάρμακον).

C'est là une des raisons expliquant pourquoi l'action, dans le théâtre d'Euripide, semble toujours tendue vers un impossible répit. Car, avec un peu de temps, tout pourrait s'arranger ; et gagner du temps est bien souvent l'attitude la plus efficace. Dans *Ion*, le jeune homme voudrait découvrir sa mère et le père voudrait retrouver la mère de son fils : eh bien ! patience ! « Laissons faire le temps. Nous trouverons peut-être un jour » (575). Encore n'est-ce là que simple affaire d'événements ; mais, pour les sentiments, la même patience est de mise. Plutôt que d'annoncer à la reine ce qu'il croit être la vérité et qui doit lui causer un profond chagrin, le roi choisit d'attendre : « Plus tard, car je saurai saisir l'occasion, je l'amènerai bien à te laisser mon sceptre » (659). Il y a là comme un art de vivre. Et l'on pense au fragment 1072, où il est dit qu'un bon médecin sait accorder un peu de temps à la maladie pour la guérir ultérieurement, au lieu d'opérer le malade de façon prématurée. L'Ajax de Sophocle – le hasard est révélateur – disait tout juste le contraire, en exigeant une action rapide « quand le mal réclame un scalpel » (581-582).

Cette fragile espérance, qui, bien évidemment, ne peut que luire de loin en loin, comme une pâle consolation pour un cœur désabusé, est néanmoins symptomatique. Elle confirme le caractère purement psychologique de la pensée d'Euripide sur le temps. Et déjà certains passages offrent une résonance moderne : la mélancolie qu'ils expriment implique de la part des personnages une complaisance pour leurs états d'âme et une propension à revenir sur leurs émois passés qui, toutes deux, devaient donner à la poésie ultérieure un tour si souvent poignant.

Comme consolation, pourtant, cet espoir d'oublier n'était que peu de chose. Le théâtre d'Euripide connaît un autre remède, infiniment plus important, aux misères qu'impliquent les fluctuations du temps. Et, chose remarquable, cet autre remède se tire lui aussi du rôle purement psychologique qu'Euripide attribue au temps. Il est inverse du premier. Il ne se fonde plus sur l'idée que l'on oubliera, mais sur le fait qu'on se souviendra. Et, en regard des désordres du temps, il dresse la mémoire, qui, elle, survivra.

120 | Sophocle, ici encore, peut servir de point de départ : il a soutenu des idées un peu analogues. Car, lorsqu'il insistait sur l'idée que le temps découvrait la vérité, il pensait évidemment à ce que les hommes sauraient plus tard, et aux souvenirs qui prévaudraient. De même, lorsque ses héros choisissaient la mort, plutôt que l'acceptation, leurs motifs tournaient toujours, de façon plus ou moins explicite, autour du thème de la renommée qu'ils allaient ainsi acquérir dans la mémoire des hommes à venir.

Ce qui, chez lui, était plus ou moins clairement indiqué, devient la règle chez Euripide : bien des jeunes filles dans son théâtre (voire un jeune homme, comme Ménécée) acceptent d'être sacrifiées, et cela pour deux raisons : elles n'ont rien de bon à attendre de la vie ; et elles peuvent espérer que leur gloire future compensera leurs souffrances présentes. Deux exemples suffiront à le montrer et à voir d'un peu plus près ce que signifie cette gloire ; ils appartiennent aux deux limites extrêmes de la carrière d'Euripide.

D'abord, les *Héraclides*, une pièce qui fut représentée peu après 430. Macarie y accepte librement la mort. Elle dit d'abord qu'elle n'a aucun espoir de jamais être heureuse (502) ; et elle explique alors : personne, si elle vivait, ne voudrait la prendre pour femme, tandis que, par sa mort, elle s'assurera, au moins, une fin glorieuse ; elle ne demande qu'une chose : une sépulture glorieuse (588). Et le chœur de conclure, en

une phrase où s'accumulent les termes signifiant « la gloire » :
« C'est un lot d'honneur qu'elle a reçu, l'infortunée, en
mourant pour ses frères et pour le pays, et il n'est pas sans
gloire, le renom dont l'accueilleront les humains » (624).
Autrement dit, Macarie cède aux pressions du malheur, qui ne
lui laissent aucune issue ; mais, en même temps, elle s'acquiert
une compensation qui survivra aux aléas du temps ; et tous
conserveront à jamais son souvenir.

Puis, tout à la fin de la guerre du Péloponnèse, *Iphigénie à
Aulis*. Iphigénie accepte de mourir comme Macarie ; et elle
expose ses raisons avec une fermeté plus grande encore.
Elle veut mourir « glorieusement » (1375) et obtenir une
« gloire bienheureuse » (1384-1385) ; son aide à la Grèce lui
sera un « durable monument », qui lui tiendra lieu d'enfants,
de mariage et de réputation : de fait, la fin de la pièce parle
de « gloire impérissable » (1531) et de « renom inaltérable »
(1606). Pas plus que Macarie, Iphigénie n'avait de bonheur à
attendre ; elle méritait notre pitié et celle-ci lui était acquise ;
pourtant, la compensation | que lui assure le souvenir des **121**
hommes l'introduit dans un univers enfin inaltérable [1].

Le rapport avec Sophocle n'est que trop évident. Car les
personnages de Sophocle, surtout les personnages héroïques,
pensaient en termes de gloire, et de gloire indestructible. Mais

---

1. De même, Polyxène s'attache à évoquer les douloureux changements
marquant sa destinée et la privant de tout espoir ; c'est pour cela qu'elle souhaite
mourir (358) ; et elle répète, un peu comme Macarie, à 370-371 : « Car je ne vois
autour de moi aucun indice qui m'encourage à espérer quelque bonheur pour
l'avenir » (trad. M. Delcourt). D'autre part, elle sait qu'en continuant de vivre
elle passerait pour lâche (348). En revanche, Euripide insiste, après la mort de la
jeune fille, sur les commentaires élogieux qui s'adressent « à ce cœur si vaillant,
à cette âme d'élite » (579-580).

la différence d'atmosphère et de ton ne saurait être méconnue. Les personnages de Sophocle, en effet, parlent bien de renom; mais ils n'insistent guère sur l'aspect concret que prendra celui-ci; ils parlent rarement de l'opinion, de ce que l'on dira à leur sujet, ou du temps pendant lequel on continuera de le dire. Electre seule s'attache à cette idée; elle cite les éloges qui ne manqueront pas de se porter sur sa sœur et sur elle, si elles vengent le meurtre de leur père; et elle ajoute que ce renom ne s'éteindra ni de leur vivant ni après leur mort[1]. La pensée est donc bien celle que nous trouvons dans Euripide. Et pourtant, même là, on discerne une note différente. Car ce qui anime Electre est la pensée d'accomplir un exploit héroïque, et de gagner l'admiration en remportant une victoire: l'idée que cette admiration se perpétuera n'apparaît qu'en passant, au dernier vers d'un développement qui en compte vingt. Et ceci se comprend: les héros de Sophocle sont portés à la lutte. Antigone veut lutter. Ajax aussi. Leur combat se poursuit en dépit de la solitude et de l'incompréhension dont ils sont entourés. Au contraire, les personnages d'Euripide fuient les malheurs qui les menacent en cherchant un autre univers, plus stable et plus assuré. Ce choix, qui se trouve à la source de leur tendre héroïsme, est fort différent de la volonté opiniâtre, qui caractérise l'attitude des héros sophocléens: il est l'apport personnel d'Euripide à un thème autrement classique.

On en a la preuve dans ce que dit Euripide sur les cités; car on y retrouve la même pensée, étroitement engagée, cette fois, dans la réalité quotidienne de l'opinion et dans le prix qui lui est attaché. C'est ainsi que l'idée de la « glorieuse Athènes »

---

1. 984-985 : « C'est là ce que partout on dira de nous, sans que, vivantes ou mortes, notre gloire défaille jamais ».

(*Héraclides*, 38) apparaît dans bon nombre de pièces. Elle n'a
| certes rien d'original ; et il n'est guère d'œuvre écrite à 122
Athènes, où on ne la rencontre – à commencer par des tragédies
comme les *Perses* d'Eschyle et l'*Œdipe à Colone* de Sophocle.
Mais elle prend, chez Euripide, un tour plus concrètement
humain ; et elle s'affirme, chez lui, comme une réponse aux
fluctuations du temps. Euripide, en effet, aime à montrer que la
générosité d'Athènes subsistera dans les mémoires et lui
vaudra une gratitude dont les effets se prolongeront. On peut, à
cet égard, comparer le passage d'*Œdipe à Colone*, où Œdipe
déclare que son corps, en vertu d'une décision divine, proté-
gera Athènes contre d'éventuelles attaques thébaines, avec les
paroles de Thésée dans les *Suppliantes*, lorsqu'il proclame que
le souvenir des bienfaits d'Athènes envers Argos subsistera
dans les esprits : dans un cas, le salut promis à Athènes passe
par les dieux, et, dans l'autre, par la mémoire ; Thésée dit, en
effet : « Quant à vous, conservez la mémoire, et la reconnaissance. Voyez ce que de moi vous avez obtenu. Répétez à vos
fils le récit de ces choses. Dites leur d'honorer notre ville : et
qu'eux-mêmes, de père en fils, aux générations futures, des
services rendus transmettent la mémoire » (1169 *sq.*). Des
expressions comme : « conservez la mémoire », « transmettez
la mémoire » évoquent une réalité psychologique et des relations humaines. Et seul le souvenir des hommes explique la
grandeur durable d'Athènes, qui se fonde sur une reconnaissance éternelle (374 : *es aiei*) et ne vieillissant pas (1178 :
agèrôn)[1]. La mémoire des hommes est devenue le seul enjeu

---

1. Thésée lui-même dit, dans *Héraclès*, qu'il hait une gratitude susceptible
de vieillir (1223). On pourrait également citer les promesses d'Iolaos dans les

qui vaille que l'on affronte n'importe quel danger[1]. On s'en acquiert le témoignage à travers efforts et épreuves, mais ces peines ne durent qu'un temps et le témoignage en subsiste, longtemps après qu'elles ont cessé[2].

Telle est l'unique manière dont, pour Euripide, le temps puisse impliquer une forme de justice. Et l'on voit qu'elle ne met en cause que l'homme même et ses sentiments. Dans *Andromaque*, le chœur déclare : « Les traces des bons ne sont pas effacées par le temps : leur vertu, même après leur mort, resplendit. Mieux vaut ne pas remporter une victoire de mauvais renom que de recourir à la force odieuse pour jeter **123** à bas la justice. | Sur le moment, l'avantage en est doux aux mortels, mais avec le temps il devient stérile, et compte pour les maisons comme un opprobre » (774-784)[3]. On peut dire que c'est la confiance de jadis en une justice finale ; mais celle-ci se réalise, ici, de façon parfaitement logique, à travers un jugement porté par les hommes, dont la réaction dernière se traduit en louange et en blâme[4]. Une conduite coupable n'amène plus la ruine que parce qu'elle suscite le reproche et la rancune.

Héraclides et l'avis qu'il exprime que les enfants du héros ont le devoir de « se souvenir » (314).

1. Voir *Héraclès*, 1334-1335 ; *Suppliantes*, 314, 561.

2. Sur les nombreux passages où est marqué ce rapport entre les épreuves et la gloire, voir notre *Thucydide et l'impérialisme athénien*, p. 119-120.

3. Le sens de « pour les maisons » traduisant δόμων n'est pas absolument certain. D'autre part, l'expression « la force odieuse » traduit en réalité deux idées : ξὺν φθόνῳ … δυνάμει τε. Ces deux idées pourraient – bien que le texte ne le dise pas – être unies par un lien logique s'il est vrai que la puissance peut amener la haine, comme on le voit chez Thucydide.

4. Ici l'on a κακόδοξον et ὀνείδεσι.

Faire de la gloire le seul bien impérissable auquel puissent atteindre les hommes est bien dans la ligne et le style de Pindare[1]. Mais c'est aussi la doctrine qu'expriment, avec beaucoup de force, certains textes de Thucydide : Périclès, aux livres I et II, parle beaucoup de gloire ; il dit que la gloire vaut tous les sacrifices, qu'elle est durable et subsistera, et que même une fois disparue la puissance athénienne, le souvenir de cette puissance lui survivra à tout jamais.

De même, l'adjectif *agèraos* («qui ne vieillit pas») ne s'applique que rarement à des noms autres que des noms de personnes : Homère l'emploie pour l'égide d'Athéna ; Pindare l'emploie pour la gloire, mais dans une phrase où le poète dit que Dieu la donne et la retire[2] ; avant le IVe siècle, seuls deux auteurs semblent avoir appliqué l'adjectif à des dispositions humaines : Euripide, dans les *Suppliantes*, parle d'une gratitude «qui ne vieillit pas» et Thucydide, dans l'Oraison funèbre, parle d'une louange «qui ne vieillit pas».

De fait, tous ces beaux adjectifs, tous ces mots qui évoquent une gloire impérissable, se retrouvent réunis dans le texte de Thucydide. Il parle de «réputation», d'une «mémoire non écrite» (II. 43.3) ; il parle du «renom le plus grand», d'un souvenir «laissé pour toujours» (II. 64.3), d'une renommée à venir «qui vivra à jamais dans les mémoires» (II. 64.5 : *aeimnèstos*).

Si l'on ajoute à cela le fait qu'Euripide et Thucydide, ou plus exactement les personnages d'Euripide et le Périclès de Thucydide, insistent également sur l'idée que la gloire est liée

---

1. On la trouve dans bien des passages de Pindare ; voir, par exemple, fr. 227 Snell.

2. *Pythique*, II, 52.

124 | aux peines et aux épreuves et justifie qu'on les accepte[1], on n'échappera guère à la conclusion que l'on trouve chez ces deux auteurs l'écho d'un thème alors en honneur. Aussi bien les difficultés de la guerre du Péloponnèse exigeaient-elles que la souveraineté athénienne fût d'autant plus idéalisée que sa préservation coûtait davantage. Plus la situation comportait de risques, plus il pouvait sembler rassurant de voir en elle un éclat qui, lui au moins, ne s'éteindrait pas. C'était la réponse d'Athènes à la menace du temps.

Le rapport étroit qui existerait entre cette menace et la foi en la gloire est d'ailleurs confirmé, en toutes lettres, par Thucydide. Car la phrase même où il fait dire à Périclès que le souvenir de la grandeur athénienne survivra à jamais chez les générations à venir s'interrompt pour une brève parenthèse, que le pessimisme d'Euripide n'aurait certes pas désavoué : elle dit qu'il en sera ainsi « même si à présent il nous arrive jamais de fléchir – car tout comporte aussi un déclin ». Le souvenir sera donc là pour rétablir ce que le temps aura détruit.

Euripide reste, bien sûr, et un Grec du ve siècle et un auteur de tragédies. On ne saurait attendre de lui qu'il préfigure déjà tout ce à quoi devaient aboutir la réflexion ou l'esthétique de l'âge moderne, ni qu'il montre déjà l'intérêt qu'on a porté plus tard à la psychologie de la mémoire. Il ne saurait avoir écrit rien qui ressemble, même de loin, à la mélancolique douceur que revêt le passé dans une pièce comme celle de Musset, intitulée *Souvenir*, pas plus qu'aux découvertes subtiles qui commandent l'œuvre de Marcel Proust. Mais si ces noms suffisent à rendre bien sensible le fossé qui sépare Euripide de

1. Voir *supra*, p. 170 et note 2.

notre époque, l'étude entreprise ici paraît bien révéler que
l'écart n'était pas moins grand entre Eschyle et Euripide. De
l'un à l'autre, en un demi-siècle, le temps a perdu sa dimension théologique pour acquérir un caractère purement psychologique, dont sa complexité apparaît comme la conséquence.

Le résultat est, en un sens, paradoxal. Car Homère avait
connu un temps fragmentaire et discontinu : pour lui le « jour »
était, Fraenkel l'a dit, la notion essentielle. Puis on avait vu
naître la notion d'un temps continu embrassant de longues
séries d'événements. L'idée avait atteint sa forme la plus
poussée avec Eschyle et le sens tragique que celui-ci donnait
au temps. Avec les alternances de Sophocle, on avait vu le
temps se fragmenter | en poussées diverses. Et, avec Euripide, **125**
la cohérence est si bien brisée que le « jour » redevient la
donnée première. Et pourtant il y a une différence ; le « jour » a
dorénavant revêtu une signification tragique, précisément
parce qu'il est senti comme le fragment isolé d'un temps qui
n'a plus de sens ; à l'origine, on n'avait pas l'idée du temps
comme d'un tout ; avec Euripide, ce tout existe bien, mais c'est
un tout irrationnel, dont le développement déjoue l'expérience
humaine. Et c'est pourquoi aussi ce nouveau temps se charge
de tant de reflets affectifs : car les mystères du devenir laissent
l'homme seul avec ses émotions ; il renonce alors à chercher
plus loin ; et l'intérêt qu'il leur porte en est accru d'autant.

Euripide n'est pas un moderne, mais, par sa conception du
temps, il a ouvert la voie à ce qui devait devenir la psychologie
moderne.

JEUNES ET VIEUX DANS LA TRAGÉDIE GRECQUE

Nous avons tenté de montrer que, d'Eschyle à Euripide, une évolution profonde et radicale avait pris place dans la façon de concevoir le temps. À titre de confirmation, on peut alors se demander si cette évolution se reflète dans la façon de concevoir les effets de l'âge.

À première vue, on peut en douter. La différence entre jeunes et vieux, les qualités et les défauts des uns et des autres, le bonheur ou le malheur de leur condition respective, semblent bien constituer des thèmes sur lesquels tout le monde est d'accord. Et le fait est que la description des différents âges de la vie prend d'ordinaire l'aspect d'un lieu commun bien établi; Horace en présente une version particulièrement célèbre [1]. Toutefois, même dans ce bagage de vérités tout à la fois évidentes et traditionnelles, chaque auteur peut choisir d'insister sur l'une ou sur l'autre, en fonction de l'idée qu'il se fait de l'action exercée par le temps. Et, tout en étant d'accord sur

---

1. Bien avant Horace, Homère avait illustré ce thème, et la poésie lyrique s'en était nourrie; *cf.* à titre d'exemple, des textes grecs comme Hésiode, fr. 220 Rz., Solon, [27], 3 H, Démocrite, A, 294 Diels.

l'ensemble, il peut placer l'accent sur un aspect ou sur un autre.
L'étude de ces choix devrait donc pouvoir servir de contre-
épreuve à l'analyse des doctrines inspirant nos trois poètes. En
même temps, elle devrait permettre de préciser le sens de
l'évolution que celle-ci a mise en lumière, et nous mener, par
là, à une conclusion d'ensemble.

*

Avec Eschyle, tout semble clair; et aucun problème ne se
pose. L'action du temps a, chez lui, une signification; elle
instruit l'homme; et il est, par suite, évident que l'âge apporte
la sagesse. Les vieillards ne sauraient donc être que raisonnables et respectables, tandis que la jeunesse a pour partage
l'imprudence.

128 | Avant tout, le temps enseigne la justice; et, avec l'âge,
l'homme apprend à être juste. Un fragment d'une tragédie
perdue déclare ainsi, de la façon la plus nette : « La vieillesse a
un meilleur sens du juste que la jeunesse » (fr. 400 N). De fait,
les vieillards sont généralement, dans le théâtre d'Eschyle, des
gens sûrs et raisonnables. Dans les *Suppliantes*, le vieux
Danaos, qui recommande à ses filles la prudence, leur rappelle
le prix attaché à ses avis : « C'est en prudent pilote qu'ici vous
a conduites le vieux père en qui vous avez foi » [1]. D'ailleurs,
le respect de ce qui est ancien et le respect des parents s'appa-
rentent au respect des dieux, qui sont les « pères » de tous les
êtres (et d'abord les vrais pères des héros mythologiques) :
dans les mêmes *Suppliantes*, les honneurs dus aux dieux sont
justifiés par une formule qui dit : « Aussi bien le respect des

---

1. 177 : φρονοῦντι … πιστῷ γέροντι; πιστῷ semble dire qu'elles peuvent
avoir foi en lui, qu'il mérite leur confiance.

pères est-il la troisième loi inscrite au livre de la Justice, à qui va le suprême hommage » (707).

En pratique, il est aisé de constater que, dans la plupart des pièces d'Eschyle, les vieillards sont présentés comme de sages conseillers, dont l'avis ne saurait être négligé. Cette circonstance les désigne plus que n'importe qui pour faire partie des chœurs : moins capables d'action, ils sont, en revanche, plus aptes à distinguer le bien et le mal. Ils devinent, ils sentent, ils comprennent ; et ils ont toutes les qualités pour dégager le sens des événements en cours. On peut le constater dans deux pièces, de dates très différentes, où le chœur est composé de vieillards et où leur âge est constamment mis en avant. Dans les *Perses*, il s'agit des conseillers du roi, qui constituent comme un conseil d'Anciens. Et chacun, à tour de rôle, rappelle ce titre officiel en y ajoutant la mention respectueuse de leur âge. Atossa les appelle d'abord ses « vieux et fidèles soutiens » (171) ; Darius, revenant de l'au-delà, les salue en disant : « Ô fidèles entre les fidèles, compagnons de ma jeunesse, vieillards perses » [1]. Et le respect marqué à ces « anciens » est, sans nul doute, justifié par la compréhension dont témoignent d'un bout à l'autre leurs réflexions sur les événements. Dès le début de la pièce, ils reconnaissent l'existence d'une menace ; ils s'effraient, non seulement parce que le temps passe, mais parce qu'ils sentent quelle insolence, probablement impie, a marqué l'entreprise du roi. C'était une entreprise destructrice, qui commença par une offense à la majesté sacrée de la mer ; et peut-être une telle | offense était- **129** elle le signe d'un égarement fatal, devant mener Xerxès à sa perte : « Voilà pourquoi mon âme en deuil est déchirée par

---

1. 681-682 : ὦ πιστὰ πιστῶν ἥλικές θ᾽ ἥβης ἐμῆς | Πέρσαι γεραιοί.

l'angoisse ». Aussi, le désastre une fois là, les vieillards sont-ils amplement qualifiés pour en exprimer le sens, avec une amère clairvoyance, et pour y déceler l'action d'une justice divine (852 *sq.*)[1].

De même, dans l'*Agamemnon*, il appartient aux vieillards d'Argos – ces vieillards, eux aussi, respectés dans la ville (855) – de discerner ce qui, dès l'origine, pouvait alarmer des sages : dans le départ de l'expédition, ils devinent les germes du désastre à venir, et ils en commentent la gravité en une haute méditation. De plus, cette fois, bien que les nouvelles qui arrivent ne parlent que de victoire, ils savent reconnaître jusque dans cette victoire les signes avant-coureurs de la justice divine, dont les effets ne sauraient tarder[2].

Cette supériorité morale et intellectuelle, due, sans nul doute, à leur grand âge et à leur expérience, prouve assez quelles vertus s'attachent à la vieillesse. Cela veut-il dire que celle-ci ne présente que des avantages ? Bien évidemment, non. Et le prétendre serait absurde. Eschyle était tout aussi capable qu'Homère – ou bien que le premier venu – de constater que l'âge exerce une action destructrice que l'on ne peut que déplorer. Tout comme le Nestor de l'Iliade, les vieillards argiens de l'*Agamemnon* ont acquis la sagesse, mais perdu leur force physique. Ils ne peuvent plus combattre : « Arès n'est pas là chez lui ». Et ils évoquent leur faiblesse en termes pleins de force, dans lesquels Eschyle semble avoir condensé tout ce que

---

1. S'ils ne sont pas chargés d'en tirer les dernières conséquences, c'est que ce rôle est dévolu au propre père de Xerxès, revenu de chez les morts ; mais ils sont les plus proches de cette parfaite compréhension.

2. Les vers les plus importants sont, à cet égard, 105 *sq.*, 367 *sq.*, 681 *sq.*, 975 *sq.*

suggérait sur ce thème la tradition homérique ou lyrique[1] ;
en quatre vers, où les images se pressent, il leur fait dire :
« Qu'est-ce qu'un très vieil homme, quand son feuillage se
flétrit ? Il marche sur trois pieds, et, sans plus de vigueur qu'un
enfant, il erre ainsi qu'un songe apparu en plein jour » (72-83).
La comparaison avec un enfant est d'ailleurs reprise dans les
Euménides : « Une vieille qui prend peur est sans force : ou,
plutôt, ce n'est qu'une enfant » (38 : littéralement, « l'équivalent d'une enfant »).

Seulement, si Eschyle exprime ainsi l'impuissance liée à
| l'âge, il est essentiel de noter qu'à la différence de bien   **130**
d'autres, il ne lui donne qu'une portée exclusivement physique : le temps ne porte pas atteinte au jugement moral ou
intellectuel, tout au contraire. Les vieillards de l'*Agamemnon*
le soulignent en des vers, dont le mot-à-mot est contesté, mais
dont le sens général est clair : ils ont gardé le pouvoir de dire
(105)[2], car, disent-ils, « les dieux laissent encore une force à
notre âge : la foi qu'inspirent ses chants ». Et d'autres vieillards,
dans d'autres pièces, revendiquent des pouvoirs semblables :
leur force physique est partie, mais leur sagesse n'a pas souffert.
Ainsi Danaos, dans les *Suppliantes*, reconnaît qu'il sera un
ambassadeur vieux, mais capable : « s'il est vieux, l'esprit en
lui est jeune et sait trouver les mots qu'il faut » (775)[3]. Une

---

1. L'idée du feuillage qui se flétrit est suggérée par Homère et par
Archiloque, 113 D. Celle du songe se rapproche de Pindare. On notera que, dans
notre passage, il s'agit d'une vieillesse excessive (ὑπέργηρως).

2. Il est intéressant de noter qu'Euripide a un passage parallèle, dans
Héraclès, 678, mais que, de façon bien caractéristique, la possibilité d'expliquer les choses a été remplacée, chez lui, par celle de pratiquer l'art et de
célébrer la Mémoire !

3. γέρονθ᾽ ἡβῶντα δ᾽ εὐγλώσσῳ φρενί.

antithèse comparable se retrouve dans les *Sept contre Thèbes*, sous une forme qui pourrait tromper; il s'agit d'un homme dont on dit : « Il a l'esprit vieux avec un corps jeune »[1]; chez n'importe quel autre auteur, on pourrait penser que le premier membre de phrase implique une critique : un esprit vieux serait alors un esprit sans dynamisme, sans énergie; mais ici, il s'agit manifestement d'un compliment; et l'antithèse joint deux mérites complémentaires : le corps jeune est plus fort, l'esprit vieux est plus sage.

C'est pourquoi seuls des êtres vils peuvent se montrer impolis pour les vieux; seuls ils peuvent vouloir les « dresser », « leur apprendre », comme dit Égisthe à la fin de l'*Agamemnon*[2]. Les vieillards d'Eschyle ne se plaignent que de leur faiblesse physique[3]; et ils ont raison, puisqu'ils ont en partage la sagesse, qui demeure le bien suprême.

D'ailleurs, la réciproque est vraie : les jeunes, chez Eschyle, sont aussi dépourvus de sagesse que les vieux en sont **131** riches. | Et, chaque fois qu'il le peut, Eschyle insiste sur la folle déraison qui est le fait de la jeunesse[4].

---

1. 622 : γέροντα τὸν νοῦν, σάρκα δ᾽ ἡβῶσαν φέρει.

2. 1619 : γνώσῃ γέρων ὢν ὡς διδάσκεσθαι βαρύ. Qu'un vieillard puisse encore apprendre est une possibilité que connaissait Solon et qu'Eschyle, ailleurs, admet. Mais c'est une possibilité qui mérite l'admiration, tant les vieux ont déjà appris (*cf.* fr. 396 : καλὸν δὲ καὶ γέροντι μανθάνειν σοφά).

3. Dans les *Perses*, on trouve une brève suggestion : les vieillards ont trop vécu s'ils ont vécu assez pour apprendre de telles nouvelles (264-265); mais c'est le désastre commun qui explique ce regret, et non leur âge par lui-même.

4. Si des jeunes ont plus de mérites que leurs aînés (par exemple, les Océanides sont plus généreuses que leur père Océan), Eschyle ne relève le fait d'aucun commentaire.

Les fautes de Xerxès, dans les *Perses*, sont des fautes de jeunesse : il les a commises, dit Darius, « dans sa jeune imprudence » (774). Et comment aurait-il pu être autre, à son âge ? « Mais mon fils Xerxès, jeune, pense en jeune homme et oublie mes avis » (780). Aussi le seul espoir est-il que cette insolence soit à l'avenir tempérée par les conseils des plus âgés. Darius dit à la vieille reine et aux anciens : « Que vos sages remontrances lui fassent donc la leçon, afin qu'il cesse d'offenser les dieux par une insolente audace » (829-831).

Transportées du monde des hommes à celui des dieux, les fautes de Zeus, dans le *Prométhée*, sont, comme celle de Xerxès, le fruit d'une jeunesse arrogante. Ce dieu cruel est un dieu jeune, exerçant un pouvoir tout neuf[1] : il n'a pas appris la sagesse ; il croit, comme Xerxès, qu'il peut faire tout ce qu'il veut ; et Prométhée insiste, exactement comme Darius : « Jeunes, vous exercez un pouvoir bien jeune, et vous pensez habiter un château inaccessible à la douleur » (955)[2]. La condamnation est donc bien la même[3].

Mais, ici, un problème semble se poser. Car il y a une autre pièce, où il est parlé des jeunes dieux, et de leur coupable ambi-

1. *Cf.* 149, 310, 389, 942, 960. Un nouveau pouvoir, comme un trop jeune âge, implique le manque d'expérience, de sagesse, de justice.

2. Comme dans les *Perses*, 780, le texte offre un heurt éloquent d'adjectifs : νέον νέοι κρατεῖσθε, cf. *Perses* : ὢν νέος νέα φρονεῖ.

3. Dans les *Sept contre Thèbes*, Étéocle est, au début, plein de fierté et il tance les femmes du chœur en homme sûr de sa supériorité ; au contraire, quand il a cédé à la malédiction paternelle, son jeune emportement est aussitôt mis en contraste avec l'expérience des femmes (686 : « quel est ce délire, enfant ? »). À partir de ce moment-là, le rapport change, entre lui et le chœur : le chœur est désormais doué d'une haute compréhension et d'une profonde sagesse, comme le chœur d'*Agamemnon*.

tion, sans que cette condamnation soit aussi justifiée : cette
pièce est *Les Euménides*. Les Érinyes, en effet, ne cessent
d'attaquer la nouvelle génération de dieux, représentée par
Apollon et Athéna ; et un conflit de générations s'ouvre alors
devant nous. La protestation, la réprobation, sont celles que
l'on a vues ailleurs : « Voici donc les façons de ces jeunes dieux,
qui veulent régner sur le monde sans souci de la Justice »
132 (162-163) ; | « Tu te plais à écraser, jeune dieu, notre vieillesse »
(731) ; « Ah ! jeunes dieux, vous piétinez les lois antiques ! »
(808). Et Athéna elle-même paraît être consciente de ce que sa
victoire risque d'avoir de choquant : « Non, je ne me lasserai de
dire ton intérêt, de peur que tu n'ailles prétendre que ma jeune
divinité et les hommes de cette ville ont chassé sans honneur et
banni de ce sol une antique déesse » (882)[1].

Que s'est-il donc passé ?

L'inquiétude de la déesse et le tour même que prend la
scène nous l'expliquent et nous rassurent. Car Athéna, précisément, ne veut pas d'une victoire qui se présenterait sous ce
jour. Elle ne veut pas d'une conclusion qui serait un simple
triomphe des jeunes sur les vieux. Elle veut convaincre. Et
patiemment, obstinément, elle multiplie les arguments. Elle
est polie. Mieux que cela, elle est généreuse, et même défé-
rente. Si bien que le débat qui commençait en protestations
indignées s'achève, cent cinquante vers plus loin, par une vraie
réconciliation : les anciennes déesses se font bienfaisantes, et
la jeune Athéna leur promet qu'elles seront honorées ; jeunes

---

1. Dans ces trois derniers exemples, un mot désignant la jeunesse est
chaque fois mis en contraste avec un mot désignant l'âge ou l'ancienneté : 731 =
πρεσβῦτιν νέος ; 808 = νεώτεροι παλαιούς ; 882 = πρὸς νεωτέρας ἐμοῦ θεὸς
παλαιά.

et vieux arrivent donc à un accord et préparent ensemble un avenir heureux [1].

Donc, même quand la jeune génération possède la supériorité morale, et qu'elle a pour représentants des divinités comme Athéna et Apollon, même alors elle n'a point le droit de traiter sans égards l'ancienneté. Et même lorsque les vieilles divinités semblent s'enfermer en une cruauté d'allure tout archaïque, leurs privilèges restent valables. Au reste, les mots signifiant « antique », « ancien », ou même « vieux », se présentent toujours, chez Eschyle, comme des termes de valeur positive.

La majesté de l'âge semble donc si bien ancrée dans la pensée grecque et les habitudes d'alors, que l'on comprend à peine qu'elle ait jamais pu être véritablement contestée. Pourtant, c'est ce qui n'allait pas tarder à se produire; et les successeurs d'Eschyle en apportent le témoignage.

| *   133

On ne saurait prétendre que Sophocle ait jamais manqué de respect, dans son œuvre, pour les vieillards. Tout comme on trouve, chez lui, des déclarations de caractère traditionnel sur le fait que le temps assure l'avènement de la justice divine, on y trouve maintes formules sur la sagesse des vieux : au moins est-ce le cas pour des fragments d'œuvres perdues, que des commentateurs en quête de citations morales n'ont pas

---

1. On trouvait probablement quelque chose d'analogue dans la dernière pièce de la trilogie à laquelle appartenait *Prométhée*. En tout cas, un accord semblable entre générations intervient dans les *Perses*, avec les avis que Xerxès, dorénavant, recevra des plus âgés.

manqué de relever[1]; les œuvres conservées en offrent peu d'exemples[2].

Mais le thème le plus important, et celui qui ressort le mieux, est un thème presque absent dans le théâtre eschyléen : les hommes se plaignent de vieillir. Plus intéressé par l'homme lui-même que par les causes de son destin, Sophocle tend à relever la façon dont l'âge l'affecte et les misères qui en résultent. Deux fois, dans son théâtre, on voit des personnages qui ont connu les leçons du temps regretter, avec mélancolie, l'époque bienheureuse de leur ignorance. Déjanire se rappelle la paix enfuie de sa jeunesse, alors qu'elle n'était pas mariée ; et elle souhaite à ses compagnes de ne pas connaître trop vite ces leçons de l'expérience qui s'accompagnent de souffrance : « puisses-tu ne pas apprendre par la souffrance », leur dit-elle au vers 143 ; et l'on dirait qu'elle reprend les termes mêmes d'Eschyle, mais afin de refuser cette grande leçon de sagesse qu'il recommandait dans *Agamemnon*[3]. Et elle s'attendrit sur la tendre innocence d'antan : « La jeunesse grandit dans un domaine qui n'est qu'à elle, où ni l'ardeur du ciel ni la pluie ni

---

1. On peut citer : 239 N = 260 P (« l'intelligence et les bons avis vont d'ordinaire avec la vieillesse »), 603 N = 664 P (« la vieillesse enseigne tout, avec l'expérience du temps »), 864 N = 950 P (sur le fait que les hommes sages ne vieillissent pas, quand leur intelligence satisfait à certaines règles, qui ne sont pas très claires dans le texte que nous avons). Voir aussi 194 N = 193 P.

2. Dans *Antigone*, cette idée est mentionnée au dernier vers ; dans *Œdipe à Colone*, l'indication que l'âge enseigne la patience figure au vers 7. En dehors de cela, on rencontre bien l'idée que les gens, en vieillissant, acquièrent de la réflexion ; mais l'expression est souvent placée dans la bouche de tyrans et accompagnée de menaces (*Œd. Col.*, 805, et, encore plus nettement, *Electre*, 1463).

3. Les leçons de la souffrance ne sauraient avoir de sens puisque la souffrance n'est plus un châtiment.

les vents ne viennent l'émouvoir, et c'est dans les plaisirs, loin de toute souffrance, que sa vie se déploie... » (144 *sq.*). De même, Ajax, après son désastre, se tourne avec envie vers son fils encore enfant, dont il envie la jeune inconscience : « Il | est cependant une chose que je t'envie en ce moment ; c'est de ne pas avoir conscience de nos maux. Ne rien sentir, voilà, voilà le temps le plus doux de la vie... » (550 *sq.*)[1].

   Il y a là un regret qui n'est guère eschyléen. Qu'il traduise quelque chose de profondément senti par Sophocle nous est attesté par la fameuse plainte sur les misères de la vieillesse que contient *Œdipe à Colone*. Là, sans raison apparente (car Œdipe souffre de maux autrement graves que la vieillesse[2]), les vieillards de Colone se mettent soudain à dire combien il est dur de vieillir. Sophocle avait, quand il écrivait ce chœur, près de quatre-vingt-dix ans. Et il déclare qu'il faut être fou pour souhaiter une longue vie : « les longs jours n'ont jamais réservé à personne que des épreuves plus voisines de la douleur que de la joie. Les joies, où sont-elles ? Ton œil les cherchera en vain, sitôt que tu auras franchi pour ton malheur la limite marquant ton lot... »[3]. De nouveau apparaît ce regret de ce qu'il appelle la « douce inconscience » de la jeunesse[4] ; la vie qui lui succède n'est faite que de maux : « Meurtres, dissensions, rivalités,

134

---

   1. Dans les vers suivants, Ajax suggère, comme Déjanire, l'idée d'une plante qui pousserait, encore fragile et tendre : « Jusque là, nourris toi de souffles légers et cultive ta jeune vie pour la pure joie de ta mère ».

   2. G.M. Kirkwood a même insisté sur le contraste entre l'amère désolation du chœur et la vigueur spirituelle dont fait preuve Œdipe dans la scène qui suit (*A Study of Sophoclean Drama*, Ithaca, 1958, p. 201).

   3. Sophocle déclare même que la mort est la solution la plus heureuse : voir aussi *Ajax*, 473 et Théognis, 425.

   4. ἀφροσύνας ; le mot fait écho à φρονεῖν, que l'on trouvait dans *Ajax*. Un tel vœu serait peu imaginable chez Eschyle.

batailles – envie surtout ! Et puis, pour dernier lot, la vieillesse
exécrable, l'impuissante, l'insociable, l'inamicale vieillesse,
en qui viennent se rejoindre tous les maux, les pires des
maux » [1]. Dans ce regret perce un écho du goût qu'avait
Sophocle pour une vie aimable, riche en échanges humains ; et
le ton est bien personnel. Certes, les poètes lyriques s'étaient
plaints avant lui du chagrin de devoir vieillir [2] ; et les tragédies
d'Euripide, qui se placent presque toutes avant *Œdipe à
Colone*, avaient certainement contribué à acclimater ce thème
dans le théâtre tragique ; mais l'insistance, l'âpre violence
du style, | donnent au passage de Sophocle un accent de
conviction, auquel on ne peut se tromper [3].

135

Du reste, il ne s'agit pas là de simple expérience concrète ;
et la plainte de Sophocle rejoint sa pensée sur le temps. De fait,
on remarquera que cette misère des vieillards ne s'attache plus
seulement à leur vigueur physique. De même que le temps,
avec tous ses changements, finit par altérer les sentiments des
hommes, de même l'âge emporte leur fermeté et leur lucidité.
Les vieillards de Sophocle – et ceci est nouveau par rapport à
Eschyle – perdent avec les ans jusqu'à leur sagesse. On peut
être trahi par l'âge ; et le chœur d'*Antigone*, devant un problème important, s'inquiète et craint d'être trop vieux pour
bien juger : « Si l'âge ne nous abuse pas, tu me sembles, en

1. Sophocle emploie pour la vieillesse une série d'adjectifs commençant
par un alpha privatif ; par là, le passage rappelle les *Suppliantes* d'Eschyle ;
mais, par une différence bien caractéristique, cette liste ne s'applique plus
à l'âge, mais à la guerre, ou plutôt à Arès, qui est : ἄχορον, ἀκίθαριν,
δακρυόγονον (*Sup.*, 681).

2. Cf. *infra*, p. 194.

3. *Cf.* encore 512 N = 556 P : « Il y a bien de la souffrance pour qui vit
vieux ».

parlant ainsi, parler suivant la raison» (681-682). Des fragments d'œuvres perdues vont plus loin dans ce sens, en suggérant diverses déficiences, résultant toutes de la vieillesse[1]; le
plus net reste le fragment 863 N = 949 P, où il est dit que «tous
les maux sont par nature attachés au grand âge», et où le poète
précise : «l'intelligence est partie, les actes sont sans effet, les
intentions sont vaines»[2]. Que l'intelligence puisse connaître
un déclin s'accorde avec ce qu'on lit dans Hérodote sur l'âme
qui vieillit avec le corps, si bien que la vigueur s'émousse pour
toutes les entreprises[3]; et l'on se rappellera que Sophocle et
Hérodote avaient bien des traits en commun. Mais on ne trouve
jamais cette idée chez Eschyle.

Or, celle-ci entraîne un corollaire. Car, si le temps
n'apporte pas nécessairement la sagesse, les vieillards cessent,
du coup, d'en avoir l'apanage. Dans *Antigone*, Créon avertit
le coryphée : «prends garde de te montrer aussi fou que tu es
vieux»[4], les | deux adjectifs sont présentés en opposition; et 136
Créon veut dire qu'il serait scandaleux d'être encore fou quand
on a l'âge de la sagesse. Mais cela pourrait arriver. Dans

1. Le fragment 63 N = 66 P dit que personne ne tient autant à la vie qu'un
vieillard : était-ce une critique ou non ? En tout cas l'idée aboutit à une critique
dans le théâtre d'Euripide (cf. *infra*, p. 201). Le fragment 447 N = 487 P dit que
l'homme, en vieillissant, retourne à l'enfance : la réflexion s'applique certainement aux forces physiques, mais le ton ne suggère pas un très grand respect.
Le fragment 808 N = 894 P dit que la colère d'un vieillard perd vite son acuité :
la remarque pourrait être prise dans un sens favorable, mais implique un
changement dans le caractère humain, qui n'est pas sans inquiéter.

2. νοῦς φροῦδος, ἔργ᾽ ἀχρεῖα, φρόντιδες κεναί.

3. Hérodote III, 134 (Atossa conseille à Darius d'agir pendant qu'il est
encore jeune). Le verbe ἀμβλύνονται, employé ici, se retrouve dans le
fragment 808 N = 894 P de Sophocle, cité à la note précédente.

4. 281 : ἄνους τε καὶ γέρων ἅμα.

Œdipe à Colone, Créon adresse à Œdipe un reproche simi-
laire : « Malheureux, même l'âge où tu es, pour toi, n'est pas
celui de la raison. Cela se voit, tu déshonores ta vieillesse »
(804-805); la combinaison reste scandaleuse, mais devient
possible. Enfin, par un bel exemple de justice poétique, Créon
se voit à son tour l'objet d'un avertissement comparable; car
Thésée lui dit que le nombre de ses années fait de lui « tout
ensemble un vieillard et une tête creuse »[1]. Toutes ces remarques sont donc concordantes : elles sous-entendent toujours
que la vieillesse est censée être raisonnable, mais qu'il ne
manque pas d'exceptions.

Or, à partir du moment où l'on admet qu'il en est ainsi, les
privilèges de la vieillesse ne sont plus, en soi, justifiés. Ils
peuvent être contestés. Et des conflits peuvent surgir. Les
vieillards ne sont pas nécessairement plus sages que les jeunes.
Et il peut même y avoir, chez les jeunes, une fraîcheur généreuse qui vaut bien mieux, dans certains cas, que la cassante
autorité de leurs aînés : un homme qui prétend se faire obéir au
nom de son âge seul peut être entièrement dans l'erreur.

À vrai dire, il est frappant de constater à quel point la règle
de l'âge pèse dans le théâtre de Sophocle : de nombreuses allusions rappellent ainsi la bienséance, qui voudrait que chacun
eût une conduite en rapport avec le nombre de ses années.
Antigone, dans *Œdipe à Colone*, ne devrait pas, « à son âge »,
parler longuement. Elle ne devrait pas, « à son âge », vivre
comme elle vit[2]. Dans la même tragédie, Créon insiste sur son

---

1. 930 : γέρονθ' ὁμοῦ τίθησι καὶ τοῦ νοῦ κενόν.
2. Dans le premier cas, l'idée est qu'elle est trop jeune; dans le second,
qu'elle serait d'âge à être mariée.

âge, qui le prépare à être un ambassadeur plein de sagesse[1].
Dans *Antigone*, il n'est point encore aussi vieux (et Sophocle
non plus); pourtant, il s'indigne à l'idée de devoir écouter les
avis de son fils : « Ce serait nous alors qui irions, à notre âge,
apprendre la sagesse d'un garçon de son âge, à lui ! » (726-
727). Clytemnestre, dans *Electre*, n'est pas moins indignée
devant le manque de respect de sa fille : Electre ne devrait pas
parler à sa mère sur ce ton, surtout « à l'âge qu'elle a » (614) et
Electre elle-même reconnaît : | « Je comprends que mes façons   137
ne répondent ni à mon âge ni à mon rang » (618)[2].

Tout cela montre bien l'existence d'un conflit, et montre
aussi de quel côté va la sympathie de Sophocle. Ceux qui
rappellent les privilèges de l'âge pour fonder leur autorité
sont Créon ou Clytemnestre – d'assez tristes garants ! Et il
est évident que le poète est pour ces jeunes, si généreux et si
intraitables : Antigone, Hémon ou Electre.

Ils ont le sens de l'absolu. Et c'est pourquoi ils sont
contraints d'agir comme ils le font. Electre aimerait être une
fille respectueuse, dans une vie normale; elle n'a de goût ni
pour le meurtre ni pour rien qui soit blâmable; mais elle n'a
pas le choix : elle est de nature héroïque et elle sait qu'il lui faut
combattre : « De la honte, si, j'en ai ! ... Mais c'est ta malveil-
lance, et ce sont tes actes qui me contraignent à agir comme je le
fais malgré moi » (616). Elle offre, en face d'une mère coupable, l'image d'une vertu qui ne capitule pas. Un être jeune peut
donc, si sa nature est noble, connaître spontanément ce qui est

---

1. 735. Pourtant il est aussi capable d'action, même à son âge (959 : καὶ
τηλικόσδ᾽ ὤν).
2. Ici, le mot est ἔξωρα. Partout ailleurs on a soit τηλικοῦτος, soit
τηλικόσδε.

bien ou mal. L'on pourrait même penser que cette connaissance instinctive est plus normale chez des jeunes que chez des
gens plus mûrs, dominés par les cupidités et les rancunes où les
engage leur intérêt ; mais Sophocle ne va pas jusque-là ; il ne le
dit pas ; il se contente de mettre en lumière ce remarquable
retournement dans la relation entre jeunes et vieux.

Il en va de même dans *Antigone*. Car, là aussi, les jeunes
ont raison ; ils ont, en effet, spontanément choisi les valeurs les
plus hautes et les plus absolues. Hémon est un fils respectueux.
Il insiste sur la considération qu'il porte à son père, et cela dès
ses premiers mots (635 *sq.*) : « Père, je suis à toi. Tes avis sont
toujours bons ; qu'ils me tracent la voie et je les suivrai. Il n'est
point de mariage qui vaille à mes yeux le profit de t'avoir pour
guide » [1]. Créon commence par se réjouir d'une pareille doci-
lité. Mais Hémon, malgré son respect, ne cède point, parce
qu'il sait qu'il a raison et que son avis est le bon. Aussi
en vient-il à déclarer lui-même : « Je puis bien être jeune : ce
n'est pas l'âge en moi qu'il faut considérer, ce n'est que la
conduite » (728-729) [2]. Il plaide pour la justice, pour la raison ;
au contraire, Créon, entraîné par son orgueil et son goût du
pouvoir, parle en homme déraisonnable ; et c'est lui, l'aîné, qui
agit avec les défauts d'un homme « trop jeune » (735). L'on
pourrait dire que le pouvoir l'a corrompu ; mais Sophocle, ici
encore, s'abstient de le dire : il se contente d'indiquer que le
plus âgé des deux hommes se montre, en l'occurrence, moins
sage que son cadet.

138

---

1. *Cf.* encore 685 *sq.*, 701 *sq.*, 755.
2. On pense naturellement à Corneille :
   Je suis jeune, il est vrai, mais aux âmes bien nées
   La valeur n'attend pas le nombre des années.

Antigone et Hémon sont tous deux jeunes, tous deux sûrs de ce qui est bien, tous deux prêts à sacrifier leur vie même à leur idéal. Leur révolte s'appelle héroïsme.

Au reste, il y a, dans le théâtre de Sophocle, un autre jeune homme, à peine adulte, que son sens de la vraie vertu amène à se dresser contre ses aînés : ce jeune homme est Néoptolème. Ulysse lui a donné un ordre, qui heurte son instinct. Ulysse est un homme mûri par l'expérience, et qui s'en vante : « Moi aussi, quand j'étais jeune… », explique-t-il (96 *sq.*) – Néoptolème, d'abord, obéit. Puis, ses tendances instinctives et sa droiture naturelle prennent soudain le pas sur le reste ; et il choisit alors la révolte en refusant tout compromis, quel que soit le prix que cette révolte doive lui coûter.

Jamais on ne nous dit que ces jeunes héros, à qui l'on s'adresse avec le terme affectueux d'« enfant », doivent à leur jeunesse la pureté qui est la leur. Simplement, ils puisent dans leur nature une noblesse qui vaut mieux que toute l'expérience du monde. Et le tragique qui s'attache à leur sort réside précisément dans le fait qu'ils doivent se dresser seuls, malgré leur jeunesse et malgré leur faiblesse, contre les pouvoirs établis ou les règles en vigueur. Ils apportent ainsi à la traditionnelle supériorité de l'âge un démenti qui apparaît aussi éclatant qu'il est exceptionnel.

En tout cas, de telles scènes illustrent clairement l'existence d'un nouveau courant de pensée. Sophocle ne s'y associe pas ouvertement ni de façon consciente ; jamais il ne prend parti pour la jeunesse en tant que telle contre l'âge mûr en tant que tel. Mais son choix, sans mener à des conclusions de portée générale, le porte toujours vers des êtres jeunes et épris d'absolu, qui s'opposent à l'aveuglement, à l'ambition de leurs aînés. La conception nouvelle du rôle de l'âge se traduit donc dans l'action même de ses tragédies ; et elle est

étroitement liée à la conception du temps que celles-ci révè-
lent. Le temps pour lui, n'instruit plus et son action n'a plus
pour effet de donner aux vieux la sagesse : il menace, il détruit,
et son action ne peut être surmontée que par la force et la
noblesse qui sont innées chez certains hommes.

139 | *

On ne saurait être surpris que l'action destructive du temps
soit marquée de façon encore plus sensible dans l'œuvre
d'Euripide – bien que ses tragédies, on le sait, soient souvent
antérieures à celles de Sophocle.

La conception traditionnelle n'en est pas pour autant
absente. On a vu, chemin faisant, des passages où Euripide
parlait des enseignements qu'apporte le temps. Par exemple,
la nourrice déclare, dans *Hippolyte* (252) : « La longueur de
ma vie m'enseigne bien des choses » ; le héraut affirme, dans
les *Suppliantes* (419) : « Le temps, et non l'improvisation,
nous donne ces lumières » ; et Jocaste, dans les *Phéniciennes*,
commence par rappeler (528-530) : « La vieillesse n'a pas tous
les maux en partage, et l'expérience peut parler plus sagement
que la jeunesse ». On retrouve la même idée dans bon nombre
de fragments relatifs à la sagesse des gens âgés et parlant de
« leçon », « d'esprit » ou de « jugement », pour opposer cette
sagesse à la force physique dont bénéficie la jeunesse [1]. Mais

---

1. Trois fragments seraient à citer, à savoir, dans Nauck, 291 (« Enfant,
les bras des jeunes ont l'ardeur pour agir, mais les avis des plus âgés valent
mieux ; car le temps apporte un enseignement aux formes multiples »), 508
(« Pour agir, ce sont les jeunes, mais pour décider les plus âgés l'emportent »),
619 (« La vieillesse, enfant, est par nature plus sage et plus sûre que les jeunes
esprits, et l'expérience l'emporte sur l'inexpérience »). Il est probable que le

ce ne sont là que des remarques isolées, qui ne sont jamais développées en elles-mêmes, ni confirmées par le sens même que le poète donne à l'action.

Au contraire, dès qu'il s'agit des souffrances liées à l'âge, le ton se fait plus personnel. On le voit de façon particulièrement révélatrice dans la grande plainte qui inspire un des chœurs de *l'Héraclès* (637 *sq.*). Ce chœur est tout aussi remarquable que celui d'*Œdipe à Colone* : sa présence dans la pièce n'est pas moins gratuite[1], ni son ton moins passionné. Mais deux différences doivent être relevées. Tout d'abord, tandis que le développement, chez Sophocle, affecte un tour général, il reste, chez Euripide, individuel et affectif ; Sophocle y parle du bonheur de l'homme, des hommes ; il ne passe que vers la fin aux applications particulières, en disant : « Ce destin n'est pas pour moi | seul ; voyez ce malheureux… ». Au contraire, le **140** chœur d'Euripide dit « je » ; et il multiplie les formules de ton subjectif comme « j'aime », « je n'aime pas », « je hais » : son point de vue est celui de la poésie lyrique ; son univers est régi par des sentiments[2]. D'autre part, si Sophocle, toujours hanté par les problèmes qui se posent à l'homme et la façon dont il y répond, découvre dans l'héroïsme et la mort le seul remède aux souffrances, Euripide, lui, s'attarde en souhaits impossibles et soupire après le rêve d'une éternelle jeunesse. Cette tendance

---

fragment 510, où un homme est qualifié de « jeune et maladroit », visait l'imprudence irréfléchie de la jeunesse.

1. Les membres du chœur sont vieux et l'âge leur ôte toute possibilité d'agir ; pourtant il y a bien d'autres raisons expliquant le désastre qui risque de s'abattre et celles-ci auraient pu prêter à des commentaires tout aussi pertinents.

2. *Cf.* des expressions comme, à 637, μοι φίλον – ἄχθος, à 642, μή μοι…, à 650, μισῶ. Il serait aisé de citer des thèmes comparables chez Simonide ou Mimnerme (*cf.* Mimnerme, fr. 1-5).

se traduit d'un bout à l'autre du texte; on la trouve, entre autres, au début, quand il dit : « La jeunesse est pour moi l'âge toujours aimé, mais la vieillesse met sur ma tête un fardeau plus lourd que les cimes de l'Etna, et elle étend un voile sombre sur mes paupières. Je ne voudrais ni le luxe de l'empire d'Asie, ni un palais rempli d'or, en échange de la jeunesse, si belle dans l'opulence, si belle aussi dans la pauvreté. Mais l'âge triste et qui tue, la vieillesse, a ma haine. Qu'elle aille s'engloutir sous les flots : que loin des demeures et des cités humaines, qu'elle n'aurait jamais dû visiter, elle soit emportée dans un vol éternel au haut des airs ! ».

Cette strophe passionnée, avec ses exclamations de haine et de refus, est d'une âpreté intérieure si grande qu'elle prouve plus, à elle seule, que toutes les remarques banales, aisées à glaner ici ou là. Mais leur nombre, tout au moins, constitue une confirmation. Car les accents de ce chant du chœur trouvent un écho un peu partout dans l'œuvre. Le vieil Iphis, dans les *Suppliantes*, emploie pour la vieillesse le même mot « je hais » (*misô*), répété dans deux vers à la suite : « Que je te hais, vieillesse, implacable adversaire ! Comme je hais qui tâche à prolonger sa vie… » [1]. Et de nombreux fragments traduisent le même sentiment. Sans s'arrêter à ceux qui gardent un tour objectif (comme le fragment 575,3, qui dit : « Une longue vie engendre d'innombrables souffrances »), on en relève toute une série qui, eux aussi, s'expriment par exclamations, et sur un mode tout affectif. L'un (282) déclare la vieillesse « amère », l'autre (637) s'exclame sur les fléaux et les misères qu'elle apporte, un autre (805) explique quel mal elle représente, un autre (453) parle de la ruine qu'elle apporte à toutes les possi-

---

1. 1108. Voir aussi, dans la même pièce, 1118-1119.

bilités | de l'homme, par les peines qu'elle lui impose, un autre   **141**
(1080) remarque de façon sarcastique que chacun souhaite
vivre vieux et déplore son sort une fois que l'âge est là : « car
rien n'est pire que la vieillesse » [1].

Ces diverses observations, qui se font écho, forment
comme une plainte amère, revenant, ici ou là, d'un bout à
l'autre de l'œuvre d'Euripide, et suggérant un monde essen-
tiellement pathétique, où chacun vivrait replié sur sa propre
souffrance.

Parmi les thèmes qui la composent, et parmi les divers
regrets qu'occasionne la vieillesse, revient, naturellement,
l'idée qu'elle dépouille l'homme de tout, même des qualités
qui étaient les siennes. En un sens, l'homme qui vieillit peut
acquérir de l'expérience ; mais pour le reste, l'âge ne fait que
le détruire : il détruit sa force physique, il détruit sa vigueur
intellectuelle ou morale.

La perte des forces physiques n'était pas un thème
original ; mais Euripide l'a repris avec une insistance pathétique, qui lui donne un relief nouveau. Les vieillards d'Euripide
ne peuvent plus agir, ni marcher, ni tenir debout. Ils essaient,
mais en vain. Le chœur déclare à Iolaos, dans les *Héraclides*,
que, si son ardeur est encore jeune, son corps « n'est plus » ;
et il ajoute : « Pourquoi prends-tu peine inutile ? Tu feras
ton malheur, sans grand profit pour notre ville. La vieillesse
doit savoir changer d'avis et renoncer à l'impossible : rien
ne saurait te rendre la jeunesse » [2]. Et bien des personnages

---

1. On relève, dans les passages cités, les mots : πικρόν, νόσους, κακόν,
πόνοις.

2. 722 *sq.* On a là l'ἀμηχανία de celui à qui il ne reste que de vivre en
souhaits impossibles (redevenir jeune serait la négation du temps).

d'Euripide, se heurtant à la même impuissance, s'adressent avec douleur à ces membres usés, qui ne peuvent plus les servir; ils soupirent après un impossible retour de leur force : « Ah ! jarret de vieillard, retrouve ta vigueur juvénile, bien que l'âge te la refuse »[1]. Aussi bien, l'épuisement qui est le leur est-il le fait combiné du malheur et de l'âge[2]; on lit, en effet, dans les *Suppliantes* (1118) que les servantes doivent se substituer à leur maîtresse, qui est « une vieille femme épuisée »; et le texte précise : « Elle-même est sans force, tant l'accable le deuil de son fils. Elle a vécu longtemps. Dans de longues douleurs elle s'est consumée ».

Mais cette déchéance n'atteint pas que le corps. Avec la force physique s'en va d'abord l'amour; et le théâtre d'Euripide contient mainte allusion à la triste condition qui est celle des vieillards en ce qui concerne l'amour et le mariage[3]. La sagesse même n'est plus très assurée : « Comment donc attribuer la sagesse aux vieillards ? », demande Ménélas, au vers 645 d'*Andromaque*. Et les vieux eux-mêmes se plaignent : « Nous n'avons plus de raison, nous imaginons seulement être sages » (fr. 25).

Il serait assez vain de vouloir énumérer tout ce que l'âge nous dérobe : d'un mot, il nous réduit à un vrai néant. À cet égard, il peut être intéressant de voir le sort qu'a fait Euripide à la forte expression d'Eschyle disant que le vieillard erre « ainsi qu'un songe apparu en plein jour »[4]. Ce songe sans réalité, cet *onar*, semble être une notion qui a hanté Euripide : il

---

1. C'est ce que dit le vieillard dans *Ion*, 1042. *Cf.* aussi 876 et *Héraclès*, 268.

2. Les deux semblent se confondre en une union presque nécessaire.

3. *Cf.* fr. 23 (« Aphrodite est hostile aux vieux »), fr. 804, fr. 807 (sur le vieux mari et sa jeune épouse).

4. Cf. *supra*, p. 179.

n'a cessé de la reprendre et de l'aggraver. Dans les *Héraclides*, un vieillard est brutalement traité de « sépulcre et néant »[1]. Dans *Héraclès*, les vieillards arrivent en s'appuyant sur leurs bâtons et se plaignent : « Je ne suis qu'un vain bruit de mots, je ne suis que l'apparence d'une vision ténébreuse, d'un rêve nocturne »[2] : c'est bien ce que disait Eschyle, mais l'insistance des mots, leur accumulation, leur combinaison aboutit à une impression de totale irréalité. Dans *Les Troyennes*, elle est plus saisissante encore, quand Hécube se plaint d'être « une figure misérable de morte, vaine image d'un trépassé » (192 *sq.*). On la retrouve dans les *Phéniciennes*, quand Œdipe gémit qu'il est « un fantôme apparu dans l'air, un mort venu de l'autre monde, un songe ailé »[3]. On la retrouve dans le fragment d'*Éole*, déjà mentionné, où des vieillards approuvent ce que, disent-ils, on pense depuis longtemps sur eux : « Nous autres vieillards, nous ne sommes qu'un bruit et une forme : nous nous traînons comme des imitations de songes » (25). Et, de façon plus brève, un fragment de *Mélanippe* déclare : « Un vieillard est-il rien d'autre ? c'est une voix et une ombre ». On se rappellera, d'ailleurs que Ménélas disait à Pélée : « tu es comme l'ombre qui nous fait face, et la voix seule te reste »[4]. L'impuissance de la vieillesse, qui était suggérée par un vers dans l'œuvre d'Eschyle (du moins dans l'œuvre conservée), suscite donc, dans celle | d'Euripide, un foisonnement d'évo- **143** cations, aussi fortes qu'insistantes : les vieillards, dans son œuvre, n'appartiennent plus vraiment au monde réel.

---

1. 167 : τύμβου, τὸ μηδὲν ὄντος.
2. 111 : δόκημα νυκτερωπὸν ἐννύχων ὀνείφων.
3. 1545 : αἰθεροφανὲς εἴδωλον ἢ νέκυν ἔνερθεν ἢ πτανὸν ὄνειρον.
4. *Andromaque*, 745 : σκιὰ γὰρ ἀντίστοιχος ὡς φωνὴν ἔχεις.

Et, cette fois, le déroulement même des tragédies est là pour confirmer qu'il ne s'agissait pas de quelque banalité propre à paraître pathétique, mais d'un sentiment assez fort, éprouvé par Euripide. Son théâtre présente, en effet, avec un réalisme inlassable, une série de vieillards courbés, prostrés dans le désespoir. Dans les tragédies les plus anciennes, il semble les avoir si bien pris en pitié qu'il leur a parfois offert une compensation ultérieure – mais non sans s'être longtemps attaché à décrire leur misère première. Dès les *Héraclides*, il montre le vieil Iolaos brutalisé parce qu'il est sans défense : « Voyez ce vieillard renversé, sans force, sur le sol » (75-76). Iolaos offre sa vie pour sauver les enfants d'Héraclès, mais sa vie même n'a plus de valeur : « À la mort d'un vieillard, que gagnerait Eurysthée ? » (466). Il ne peut donc servir à rien : il sait qu'il est trop faible, et on se charge bien de le lui rappeler. Or, vers la fin de la pièce, en une longue scène fort peu nécessaire à l'action, Euripide fait voir Iolaos partant pour le combat par un vrai miracle de volonté, qui, bientôt est suivi d'un miracle réel : « Le vieillard transformé est redevenu jeune » (797). Les miracles ne sont pas si fréquents dans l'œuvre d'Euripide et la nature de celui-ci est bien révélatrice : ce retour à la jeunesse est le souhait que ferait tout homme, et qui rachèterait toutes ses misères.

Dans *Andromaque*, un autre vieillard parvient aussi à s'affirmer : le miracle auquel il le doit est, cette fois, l'incroyable lâcheté dont fait preuve Ménélas. Car Pélée est vieux. Pour nous annoncer sa venue, on nous parle de ses « vieux pas » (546). Il a besoin d'aide pour marcher (747), et Andromaque a peur que son âge ne soit pour ses ennemis un encouragement à l'action. Mais Pélée a confiance : « Nous-mêmes, nous sommes encore droit, et non point vieux, comme tu l'imagines. Et avec un homme de cette espèce, il me suffira d'un regard pour dresser le trophée de sa déroute, malgré mon grand âge » (761 *sq.*). Est-ce folie ? rodomontade ? Le fait est que Ménélas proteste un peu et puis s'en va. On a donc, face à face, une bravoure et une lâcheté toutes deux exceptionnelles. Et la façon dont Euripide insiste sur le grand âge de Pélée, par la note pathétique qu'elle apporte, donne un relief accru et à l'une et à l'autre.

Mais, en règle générale, ses vieillards ne connaissent plus de pareilles victoires.

| Dans *Héraclès*, le poète insiste à mainte reprise sur la **144** faiblesse d'Amphitryon et sur l'âge de ses amis, qui composent le chœur. À Amphitryon, on ne s'adresse guère qu'en l'appelant « vieillard »[1], et on en fait autant pour les membres du chœur[2]. Leur premier chant, lorsqu'ils paraissent, est une plainte sur leur âge ; et leurs encouragements réciproques suggèrent avec réalisme la peine qu'ils ont à marcher : « Ne fatiguez pas en vain vos pieds et vos membres alourdis par l'âge… Prends les mains et le vêtement de celui dont le pied débile reste en arrière. Vieillard, guide les pas du vieillard … » (119 *sq.*). Eux aussi souhaiteraient combattre ; mais ils savent que c'est impossible : « O mon bras, comme tu désires saisir la lance, mais ton désir se consume dans l'impuissance » (269). Aussi ne peuvent-ils que gémir sur cette cruelle vieillesse : « Si j'avais la vigueur de la jeunesse et si je pouvais encore brandir la lance dans la bataille avec mes camarades cadméens, je serais debout devant ces enfants, aidant à les défendre. Mais aujourd'hui je n'ai plus l'âge heureux de la jeunesse » (436 *sq.*). Cette fois, ce n'est plus un miracle qui les sauve : c'est l'arrivée d'Héraclès. Encore se souviendra-t-on que,

---

1. 60, 81, 514, 1045, 1068, 1404, 1418.
2. Ainsi 275.

malgré cette arrivée, leur chant suivant est le fameux chant sur la vieillesse, cité au début de cette analyse.

Dans les *Suppliantes*, on retrouve le même thème. Dès le début, le vieil Adraste est prostré sur le sol, entouré de femmes et d'enfants. Il parle en leur faveur, mais il a honte de son impuissance et gémit d'en être réduit à une posture de suppliant, alors qu'il a les cheveux blancs (165-166).

Enfin Hécube, accablée à la fois par la vieillesse et la douleur, emplit deux tragédies – *Hécube* et les *Troyennes* – du pathétique le plus intense. Les premiers mots qu'elle prononce, dans la première de ces deux pièces, donnent déjà la note de cette saisissante faiblesse : « Conduisez, mes filles, la vieille femme devant la demeure ; conduisez en la redressant, Troyennes, votre compagne de servitude, auparavant votre reine ; prenez-moi, portez-moi, soulevez-moi en saisissant mes vieux bras » (59 *sq.*)[1].

Euripide a donc montré, avec une insistance singulièrement frappante, l'impuissance physique des vieillards. On pourrait ajouter que l'on trouve aussi dans l'action de ses pièces confirmation de leur déchéance morale.

145 | Sophocle disait dans une tragédie perdue, que les vieillards sont attachés à la vie – entendons qu'ils sont lâches et ne veulent plus s'exposer ; car « tenir à la vie » (*philopsuchein*) est toujours pour les Grecs une attitude méprisable. Or, Euripide a mis en scène, dans son théâtre, un vieillard qui « tient à la vie » : c'est le vieux Phérès dans *Alceste*. Il l'a montré refusant de mourir pour son fils[2]. Et il a fait en sorte qu'on voie dans ce refus un effet de son âge ; car Admète

---

1. Sur cette forme du pathétique d'Euripide, *cf.* notre livre sur *L'évolution du pathétique, d'Eschyle à Euripide*, Paris, 1961, p. 80-82.

2. Cet épisode peut bien être de l'invention d'Euripide.

déclare : « c'est bien en vain, paraît-il, que les vieillards souhaitent la mort, qu'ils se plaignent de leur grand âge et de la longueur de la vie. La mort approche-t-elle ? Nul ne veut mourir et la vieillesse ne leur est plus à charge » [1]. Et, plus loin, il répète : « C'est que je t'ai senti épris de longue vie » (713). Certes, il n'est guère bien placé pour reprocher à son vieux père une lâcheté dont la sienne est assez voisine ; pourtant, la lâcheté du père existe, et se trouve nettement condamnée. La sagesse des vieux semble être devenue une prudence médiocre, qui consiste seulement à savoir ménager au mieux ses propres intérêts.

Le fait est d'autant plus remarquable que le théâtre d'Euripide nous propose, en regard, toute une galerie d'adolescents, qui s'offrent à la mort avec générosité, avec aisance, avec noblesse. Ils n'entrent pas en guerre pour défendre telle ou telle cause, comme les héros de Sophocle ; et ils ne mènent pas, comme ceux-ci, un combat acharné malgré leur solitude ; mais, menacés, ils choisissent d'accepter la mort par un choix délibéré. C'est ce que fait Alceste. Alceste est plus jeune que Phérès ; pourtant, elle est mariée et elle a des enfants. Au contraire, Macarie, dans les *Héraclides*, est pratiquement encore une enfant ; cela n'empêche que, devant la perspective de la mort, elle montre soudain le courage d'une adulte et la sagesse naguère attribuée aux vieillards [2]. Polyxène, dans *Hécube*, est peut-être un peu plus âgée ; mais c'est une jeune fille, une « jeune cavale » ; et la façon dont elle accepte la mort

---

1. 699 *sq.*

2. Ceci se traduit dans ses *ultima verba*, 574 *sq.* On rapprochera le fragment 344, disant qu'un jeune homme peut bien, même à son âge, avoir acquis dans les épreuves de l'expérience intellectuelle : c'est un peu la leçon du temps, mais elle est devenue plus pratique et le temps est beaucoup plus bref.

rend un son étrangement pur, à côté de la rhétorique où s'enli-
sent les plus âgés : sa mort touche d'autant plus qu'elle unit
146 comme naturellement le courage | avec la grâce. De même, la
vaillance d'Iphigénie ressort bien du contraste entre son jeune
héroïsme et les passions des plus âgés ; ses souvenirs d'enfance,
tout proches et concrets, rendent cette jeunesse plus sensible
encore, et la calme fierté avec laquelle elle se décide lui fait
une auréole aussi émouvante que la réserve avec laquelle
Polyxène savait mourir. Ménécée, dans les *Phéniciennes*, est
aussi jeune, peut-être plus : c'est un « jeune étalon ». Or le
sacrifice qu'il accepte brille d'autant plus clair que son attitude
fait contraste avec le refus opposé par son père. C'est un
adolescent charmant et épris d'idéal. Et nous savons que de
tels adolescents ne sont pas rares dans l'œuvre d'Euripide : ils
n'ont pas besoin de mourir comme lui pour être, comme lui,
charmants et épris d'idéal. L'on peut citer ainsi Hippolyte, qui
peut être un peu trop vertueux, mais qui présente les mêmes
grâces. L'on peut citer aussi Ion, qui doit être plus jeune encore
qu'Hippolyte, et montre un idéalisme délicieusement naïf. Sa
pureté a été préservée intacte par la vie religieuse qui est la
sienne ; et il ne connaît d'autre sentiment que la joie de vivre
dans la douce retraite du sanctuaire, loin de tout mal. Quand il
est reconnu pour le fils du roi, il ne ressent que répulsion pour
toutes les formes d'un pouvoir qui impliquerait la crainte et le
soupçon. En fait, la vertu du jeune Ion explique l'héroïsme dont
témoignent certains adolescents d'Euripide : sa vertu, comme
leur héroïsme, vient de ce qu'il n'a pas été atteint ni corrompu
par l'expérience de l'âge. Il est pur parce qu'il est jeune.

On pourrait trouver d'autres signes illustrant cette manière
de voir. On pourrait parler des enfants, si nombreux dans le
théâtre d'Euripide, et dont la peine touche bien plus que ne fait
celle des adultes : ils paraissent à l'arrière-plan, dans de mul-

tiples tragédies, incarnant le rêve nostalgique de l'innocence perdue. Mais à quoi bon multiplier les preuves? Un double thème court à travers toute l'œuvre, mettant en relief tantôt les souffrances liées à l'âge, tantôt les grâces et la vertu qui sont le partage des jeunes.

Il semblerait donc légitime de conclure que tout est clair. Et tout le serait en effet, si Euripide ne nous réservait, à l'occasion, une surprise. Car le fait est que, dans certaines pièces, il se met soudain, non seulement à rappeler la sagesse des vieux, mais à insister curieusement sur l'imprudence de la jeunesse, et cela sans que rien, dans le sujet qu'il traite, l'invite à adopter un pareil point de vue. Pourquoi donc le fait-il? Et comment expliquer cette éventuelle résurgence de ce que l'on peut appeler le thème de Xerxès?

| La question mérite d'autant plus l'attention qu'il semble **147** bien y avoir eu, à l'époque, un problème et un conflit, social et politique, opposant jeunes et vieux. Une évolution s'était fait jour, due en partie au changement qui avait pris place dans la façon de concevoir le temps, mais imputable aussi, très largement, à l'influence des idées démocratiques et bientôt de la guerre : les jeunes, à Athènes, avaient acquis plus d'indépendance, et plus d'importance. Ils avaient ouvert une ère nouvelle, où le respect pour les parents et pour les gens plus âgés n'était plus aussi bien porté. Les jeunes agissaient à leur idée; et la rapidité de l'évolution intervenue dans tous les domaines leur donnait assez aisément la certitude d'avoir raison. Dirons-nous que, de nos jours, nous sommes assez en mesure de comprendre un tel état de choses? En tout cas, il existait. On le voit, par exemple, dans les *Nuées* d'Aristophane. Et il semble manifeste qu'après la mort de Périclès, cette jeunesse se rangea du côté des nouveaux dirigeants, qui soutenaient l'impéria-

lisme, contre des gens comme Nicias, qui prônaient la modé-
ration. De fait, le débat opposant Nicias et Alcibiade, à propos
de l'expédition de Sicile, est devenu, dans Thucydide, un
débat entre jeunes et vieux [1]. Or, il se trouve que les pièces dans
lesquelles Euripide rappelle la sagesse des vieux et se répand
en digressions sur l'imprudence de la jeunesse sont *Hippolyte*,
Andromaque, et surtout les *Suppliantes* : trois pièces probablement écrites entre 428 et 420, c'est-à-dire après la mort de
Périclès et avant l'expédition de Sicile – période où se place
également la comédie d'Aristophane intitulée *Les Nuées* [2].

Dans *Hippolyte*, il ne s'agit que d'une allusion, qui n'a pas
un tour politique. Le serviteur semble penser que la raideur
montrée par Hippolyte dans sa façon de choisir entre les deux
déesses traduit ce qu'il appelle « l'emportement d'une âme
148 | juvénile ». Et il précise : « N'imitons pas les jeunes en de tels
sentiments ! » [3]. Dans *Andromaque*, la critique se fait plus
marquée ; elle s'exerce sur les exigences et sur la cruauté
d'Hermione ; et elle pousse Andromaque à dire : « Hélas ! pour
les mortels, quel mal que la jeunesse, et avec la jeunesse l'injus-

---

1. *Cf.* VI. 12.2 : Alcibiade est, selon Nicias « bien jeune encore (νεώτερος)
pour commander » ; et Nicias d'expliquer : « ce qu'il veut, c'est étonner par le
luxe de son écurie, et trouver dans l'exercice de sa charge de quoi l'aider à
couvrir ses énormes dépenses ». Puis, généralisant, il ajoute que la question
débattue est grave et « n'admet pas que des jeunes décident d'elle en la condui-
sant hâtivement ». « Ces jeunes », dit-il (νεωτέρους), « quand je les vois siéger
ici aujourd'hui sur l'appel de ce même personnage, je m'effraie et je fais en
revanche appel aux hommes d'âge » (πρεσβυτέροις). À quoi Alcibiade répond
que sa jeunesse et soi-disant folie ont du bon ; et il rejette cette séparation entre
jeunes et vieux qu'avait suggérée Nicias (18.6 : διάστασις τοῖς νέοις ἐς τοὺς
πρεσβυτέρους).

2. Les *Nuées* sont de mars 423. Les *Guêpes*, où l'on trouve des indications
concordantes, sont de 422.

3. 117 ; *cf.* 114 *sq.*

tice dans un cœur humain »[1]. Puis, dans les *Suppliantes*, elle se fait enfin acerbe et tourne à la digression politique. Thésée suggère qu'Adraste a mal agi parce que «des jeunes gens l'entraînaient» (232), et, généralisant, il ajoute : «Ce sont eux qui, dans leur soif d'honneurs, vont au mépris du droit multipliant les guerres, fléau des citoyens ! L'un vise à commander, l'autre veut le pouvoir afin d'y satisfaire ses passions, un autre y poursuit la richesse. Ils n'examinent pas si le peuple en pâtit». Le développement n'a rien à voir avec l'action et il est manifestement inspiré par l'actualité. Chaque mot pourrait s'appliquer à Alcibiade ; chaque mot fait écho à ce que, dans Thucydide, Nicias dit contre Alcibiade[2]. Et la pensée s'applique aussi à beaucoup des amis d'Alcibiade, qui devaient, en effet, voter pour la guerre, malgré les prudents avis de Nicias. On peut assez bien comprendre qu'Euripide, avec ses tendances pacifistes, ait été choqué de leur attitude et qu'il ait traduit son ressentiment dans les deux dernières pièces mentionnées, qui sont aussi plus riches que d'autres en allusions diverses aux problèmes ou aux personnalités du moment.

Dans ce cas, la condamnation portée contre la jeunesse, qui semblait, à première vue, quelque peu déconcertante, s'expliquerait, en fait, par l'intrusion des réalités quotidiennes, qui vient supplanter ici la tendance profonde d'Euripide. Elle ne suppose d'ailleurs pas de réelle contradiction. Quand il pense

1. 238. La valeur des derniers mots, en grec, est discutée : nous citons la traduction de la collection des Belles Lettres, en faisant toutes réserves ; mais la discussion n'a pas sa place ici.

2. *Cf.* la citation de VI. 12.2 donnée, *supra*, p. 204, à la note 1. On y joindra des expressions comme ἄρχειν ἄσμενος αἱρεθείς – τὸ ἑαυτοῦ μόνον σκοπῶν, empruntées au même passage et faisant directement écho aux derniers mots de la citation des *Suppliantes*.

en poète et rêve de pureté, Euripide chérit les jeunes ; mais ce
sont des jeunes sans ambition, qui refusent pouvoir et richesse,
comme Ion, et qui cherchent l'héroïsme beaucoup plus que la
prudence. Au contraire, quand les jeunes se font ambitieux,
Euripide pense en citoyen ; il juge au nom de la prudence et il
condamne la jeunesse. Si une tendance l'emporte sur l'autre,
149 | c'est parce qu'heureusement pour nous, ses tragédies sont
œuvre de poète avant d'être action pratique [1].

S'il en est bien ainsi, nous nous trouvons en face de deux
formes d'évolution. L'une est superficielle, extérieure. Elle
tient à la réalité quotidienne et varie selon la pression
qu'exerce cette dernière [2]. L'autre est plus profonde, probablement plus inconsciente, certainement plus régulière. Et
pourtant il serait malaisé de ne pas la lier, elle aussi, aux
événements historiques. Ce rapport a été suggéré à propos de
chaque auteur. La foi théologique d'Eschyle coïncidait avec le
moment où Athènes, échappant à une invasion qui insultait
tout ensemble à la piété et à la justice, obtenait par un retournement dramatique, une réparation éclatante. L'opposition
montrée par Sophocle aux vicissitudes du temps venait d'un
homme dont la pensée s'était formée à un moment où Athènes
faisait fièrement face au monde grec, confiante dans ses propres
mérites [3]. Enfin, l'intérêt d'Euripide pour les souffrances

1. Les analyses que l'on vient de lire sur les jeunes et les vieux avaient fait,
à l'origine, l'objet d'une conférence donnée à Paris, sous le patronage de
l'Association Guillaume Budé.

2. La nouvelle influence prise par la jeunesse est une donnée générale ; les
excès de la jeunesse peuvent ainsi apparaître, mais ne le font, naturellement,
que de temps à autres.

3. Il faut une fois de plus rappeler que les pièces de Sophocle s'étalent à peu
près sur la même période que celles d'Euripide. Mais il y a une différence d'âge

de l'homme et l'instabilité de son sort coïncidait avec les excès de l'individualisme dans la démocratie, avec les maux de la guerre, et avec la grande menace suspendue au-dessus de la puissance athénienne. L'évolution historique dictait, en quelque sorte, l'évolution intellectuelle. Et, dans une cité où chaque citoyen était si passionnément attaché à la communauté, il n'est pas étonnant que la philosophie de chacun ait reflété l'expérience de tous.

Il n'en est que plus remarquable de voir quel sens a pris l'évolution, de voir que chaque nouvel apport de cette expérience commune a ajouté un chaînon de plus à l'approfondissement intellectuel d'où devaient, en définitive, sortir notre pensée moderne sur le temps et toute notre recherche psychologique. Par une mutation extraordinaire, l'expérience pratique de la | politique athénienne s'est transposée en découvertes **150** spirituelles, reliées entre elles par une dialectique intérieure. Une telle mutation est caractéristique de l'esprit grec et n'aurait pu se faire chez d'autres que des Grecs. C'est là un trait qui, entre tous, nous les rend à jamais précieux et à jamais indispensables.

---

d'environ dix ans ; or, dans une époque de changements rapides, comme la seconde moitié du Ve siècle, une différence de dix ans peut compter beaucoup : Euripide ne connaissait les guerres médiques que par ouï-dire. Nous sommes bien placés, de nos jours, pour mesurer la portée que peut prendre une telle différence.

| INDEX

On trouvera dans cet Index l'indication des pages du livre original, que le lecteur trouvera en marge, où un texte précis se trouve commenté, ou même simplement cité : il se peut, en effet, que des personnes amenées à réfléchir sur tel ou tel passage tirent quelque lumière des rapprochements suggérés par le contexte.

Les références aux trois grands tragiques viennent en tête ; et elles sont données avec mention précise du chiffre des vers. L'ordre suivi est chronologique, en ce sens qu'il fait se succéder Eschyle, Sophocle, et Euripide ; cependant, pour chacun de ces trois auteurs, l'ordre des pièces est alphabétique.

Une liste des autres auteurs vient ensuite, sans références précises à tel passage ou tel vers : le nombre moins important des citations devrait, en effet, permettre de les retrouver sans trop de mal, même sans autre indication.

Les chiffres en caractère gras indiquent une page du livre où plusieurs citations d'un même texte sont examinées successivement.

ESCHYLE

SOPHOCLE

Auteurs autres que les trois grands tragiques

TABLE DES MATIÈRES

ACHEVÉ D'IMPRIMER
EN JANVIER 2010
PAR L'IMPRIMERIE
DE LA MANUTENTION
A MAYENNE
FRANCE
N° 10-10

Dépôt légal : 1er trimestre 2010